宝宝是从哪里来的？

〔日〕平原史树／编
〔日〕井元广／绘

人民东方出版传媒
People's Oriental Publishing & Media
東方出版社
The Oriental Press

目录

生命伊始

肚子里的胎儿

婴儿的诞生

生命伊始

人的生命

你听大人说过自己出生时的事情吗？每个人都是从宝宝开始的。

所有生命都是从肉眼看不见的、小小的细胞开始的。细胞的大小为几到几十微米，而人的身体则是由约 60 万亿个细胞构成的。小小的细胞进化成胎儿，然后便出生了。

你可能很难想象自己是从一个小小的细胞进化而来的，但实际上，你的身体里至今还保留着“进化”的证据。

人在以胎儿的身份出生之际，肚子中央便带有一根长约50厘米、如细绳一般的东西。

那就是脐带，是在细胞进化成胎儿期间，连接胎儿与妈妈的纽带。

胎儿在妈妈的肚子里究竟是如何生长，又是怎样出生的呢？

生命之源：卵子与精子

生命是女人体内产生的卵子细胞，与男人体内产生的精子细胞相结合的产物。

人体内最大的细胞卵子，与较小的细胞精子便是生命的源头。

生命之源的产生

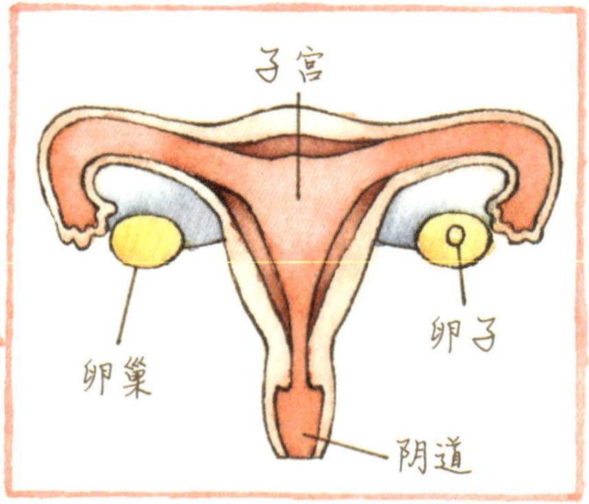

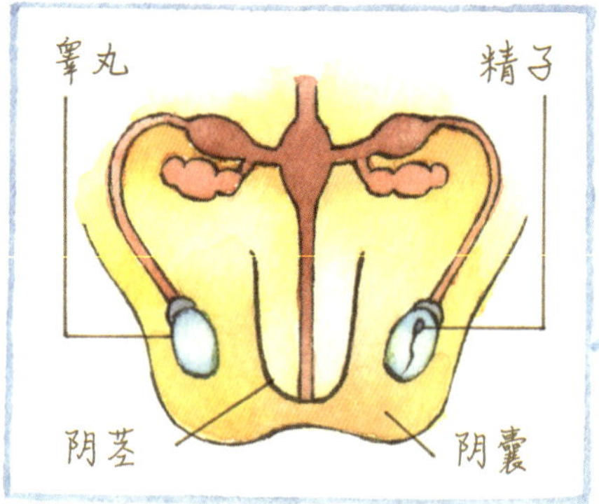

卵子是由女性盆腔内的卵巢产生的，而精子则是由男性的睾丸产生的。

卵子

卵子的周边包裹着一层膜，以起到保护作用，它的正中央有一个核。

精子

精子的头部有核，顶端有能够穿透卵子周围保护膜的酶。

电子显微镜下的卵子与精子

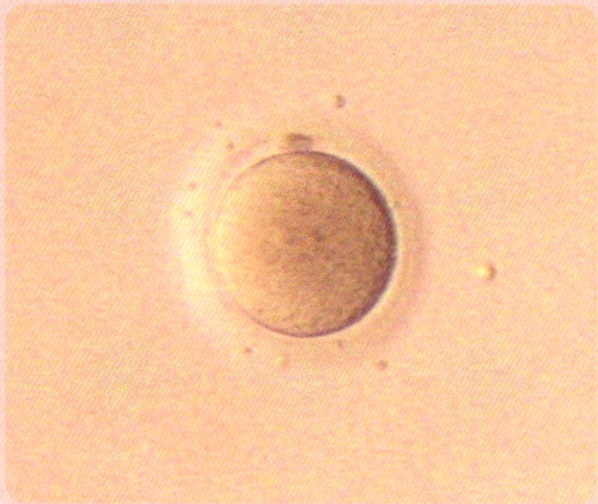

卵子：直径 0.13 ~ 0.15 毫米。圆圆的，长得像个球。

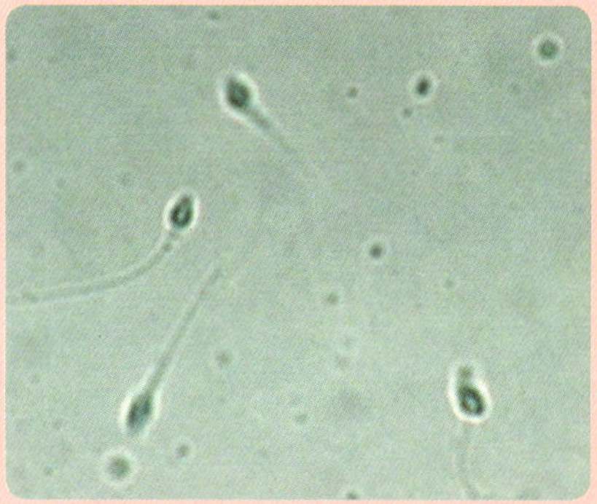

精子：全长 0.05 ~ 0.07 毫米。长得像蝌蚪。

卵子与精子都有核。核中有染色体，储存着大量信息，这些信息帮助我们继承爸爸妈妈的特征，也能指导我们的发育。

孕育生命的地方

女人体内的子宫便是孕育生命的地方，是新生命的诞生之地，也是新生命的成长之所。

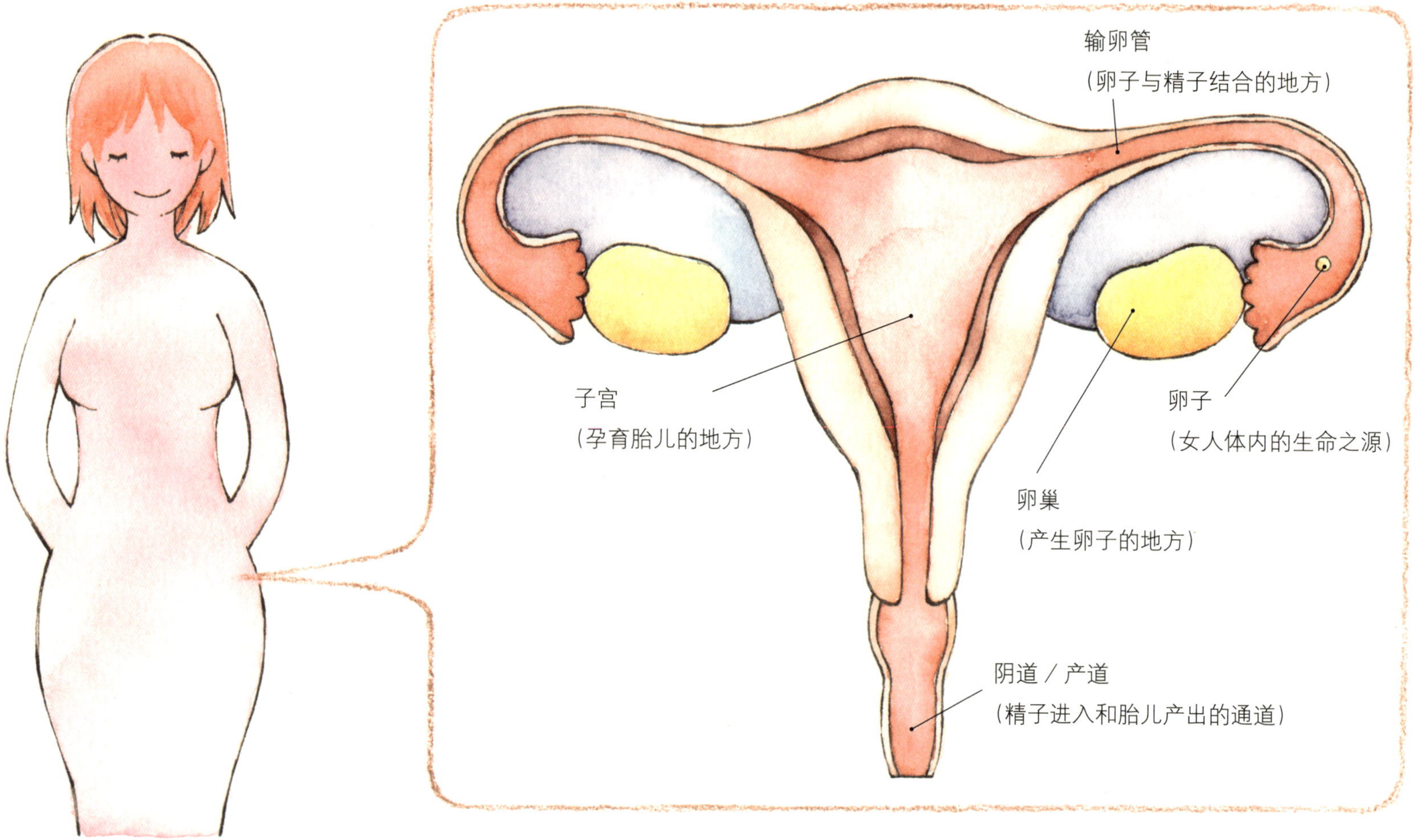

生命的开始

当一个卵子与一个精子结合时，一个新生命便开始了。

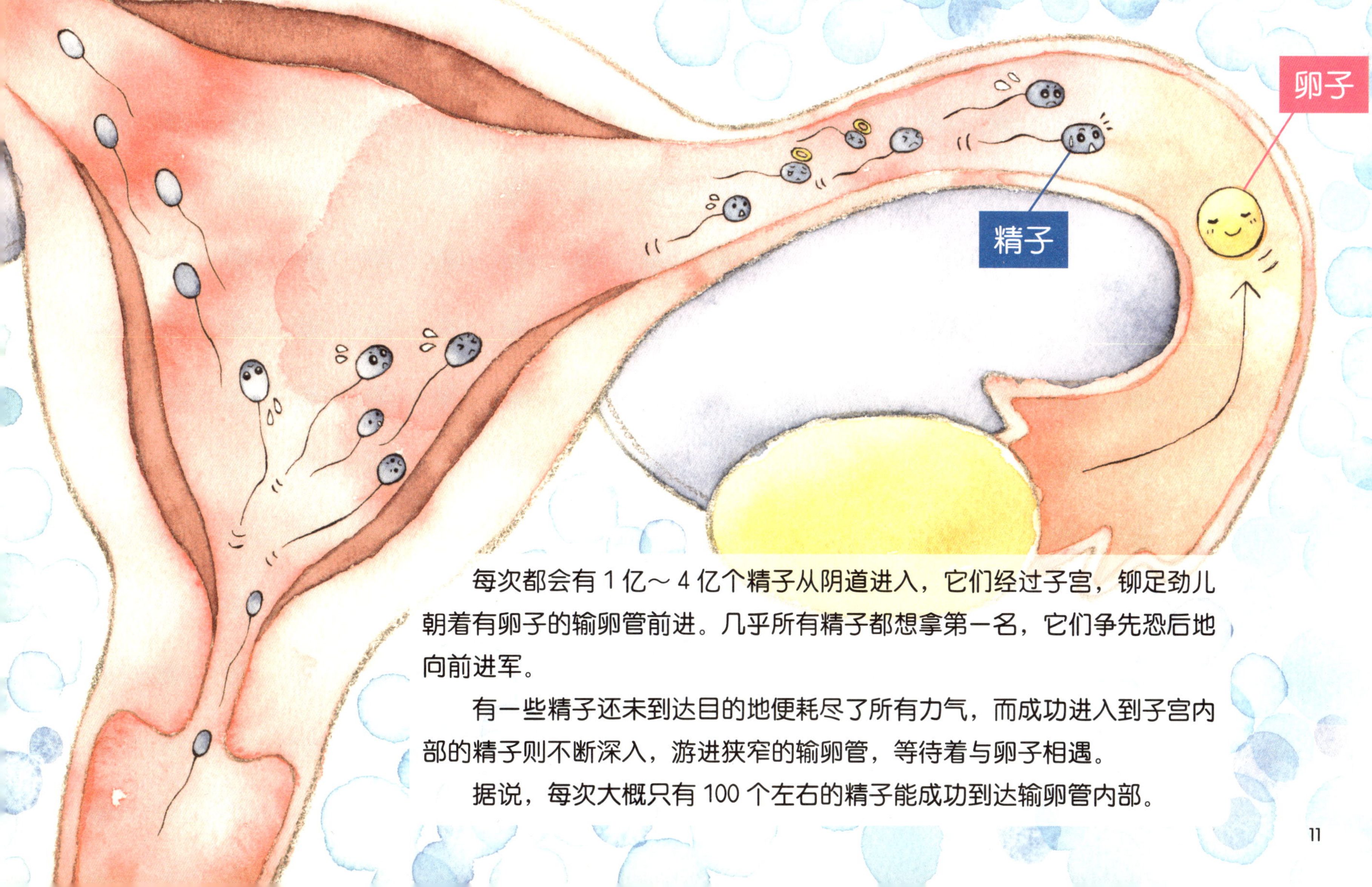

每次都会有 1 亿～ 4 亿个精子从阴道进入，它们经过子宫，铆足劲儿朝着有卵子的输卵管前进。几乎所有精子都想拿第一名，它们争先恐后地向前进军。

有一些精子还未到达目的地便耗尽了所有力气，而成功进入到子宫内部的精子则不断深入，游进狭窄的输卵管，等待着与卵子相遇。

据说，每次大概只有 100 个左右的精子能成功到达输卵管内部。

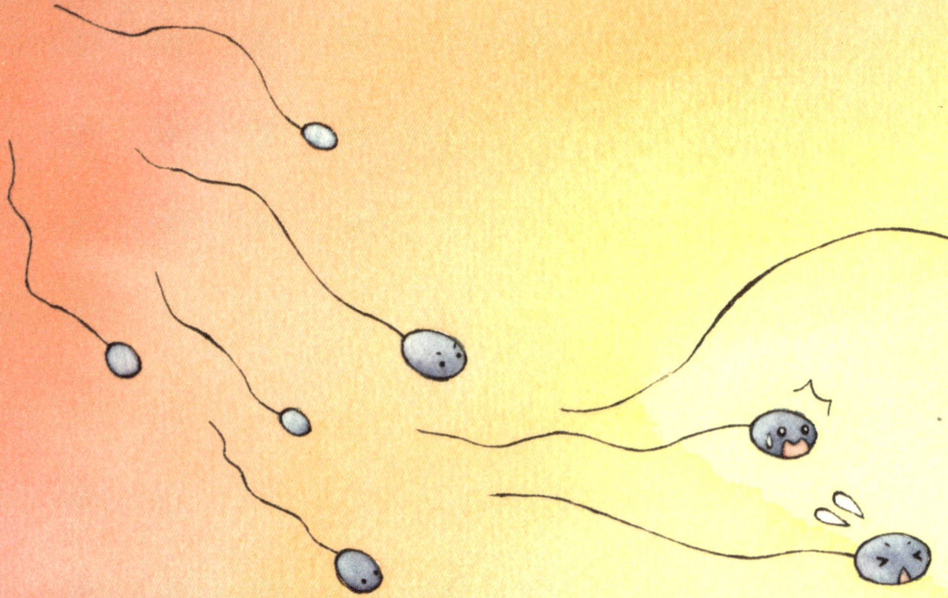

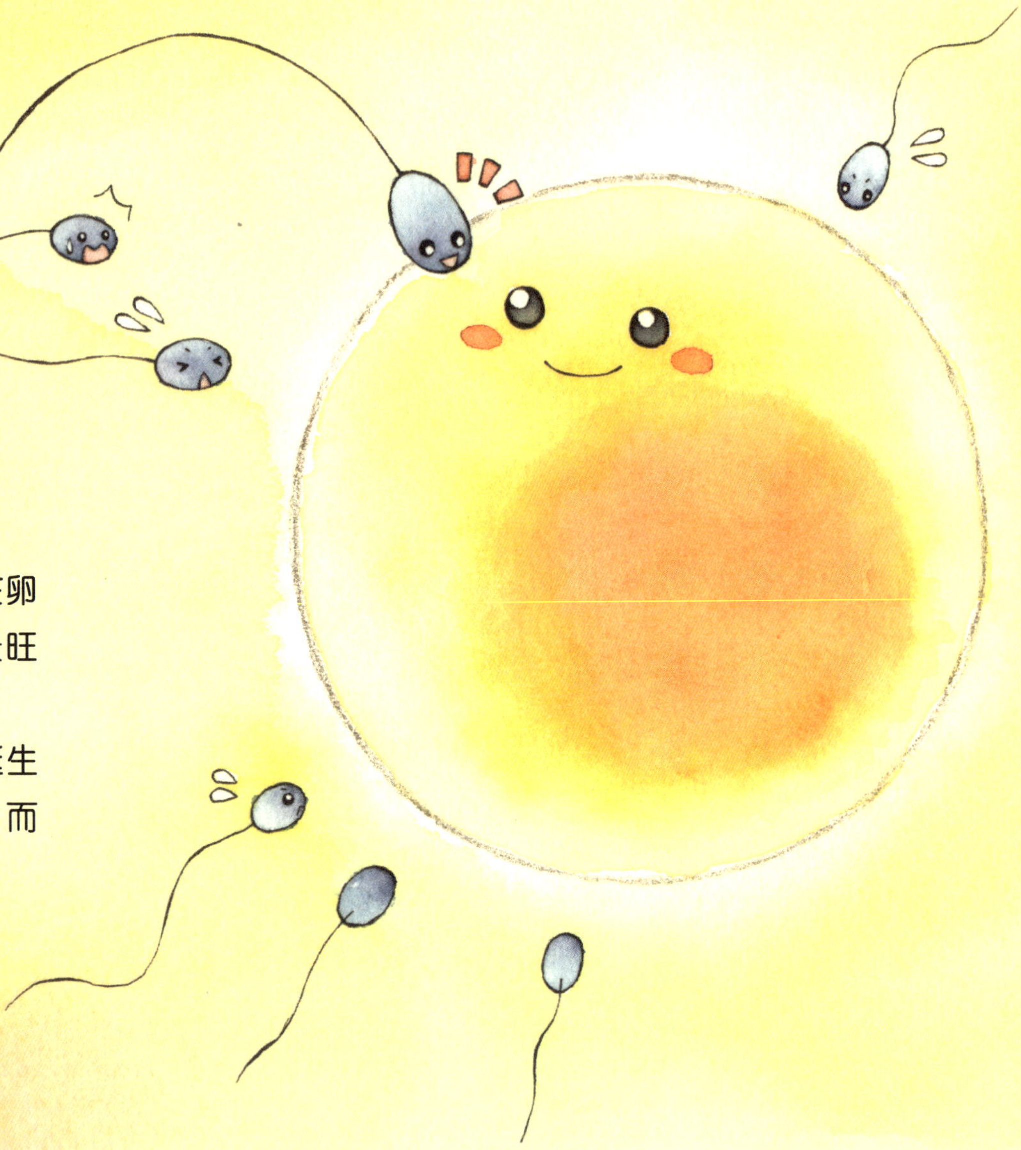

顺利抵达输卵管的精子，都聚集在卵子周围。在众多精子中，只有生命力最旺盛的那个精子能够钻进卵子里。

当精子进入卵子后，新的生命便诞生了。精子进入卵子的过程称为“受精”，而卵子与精子结合后，变为受精卵。

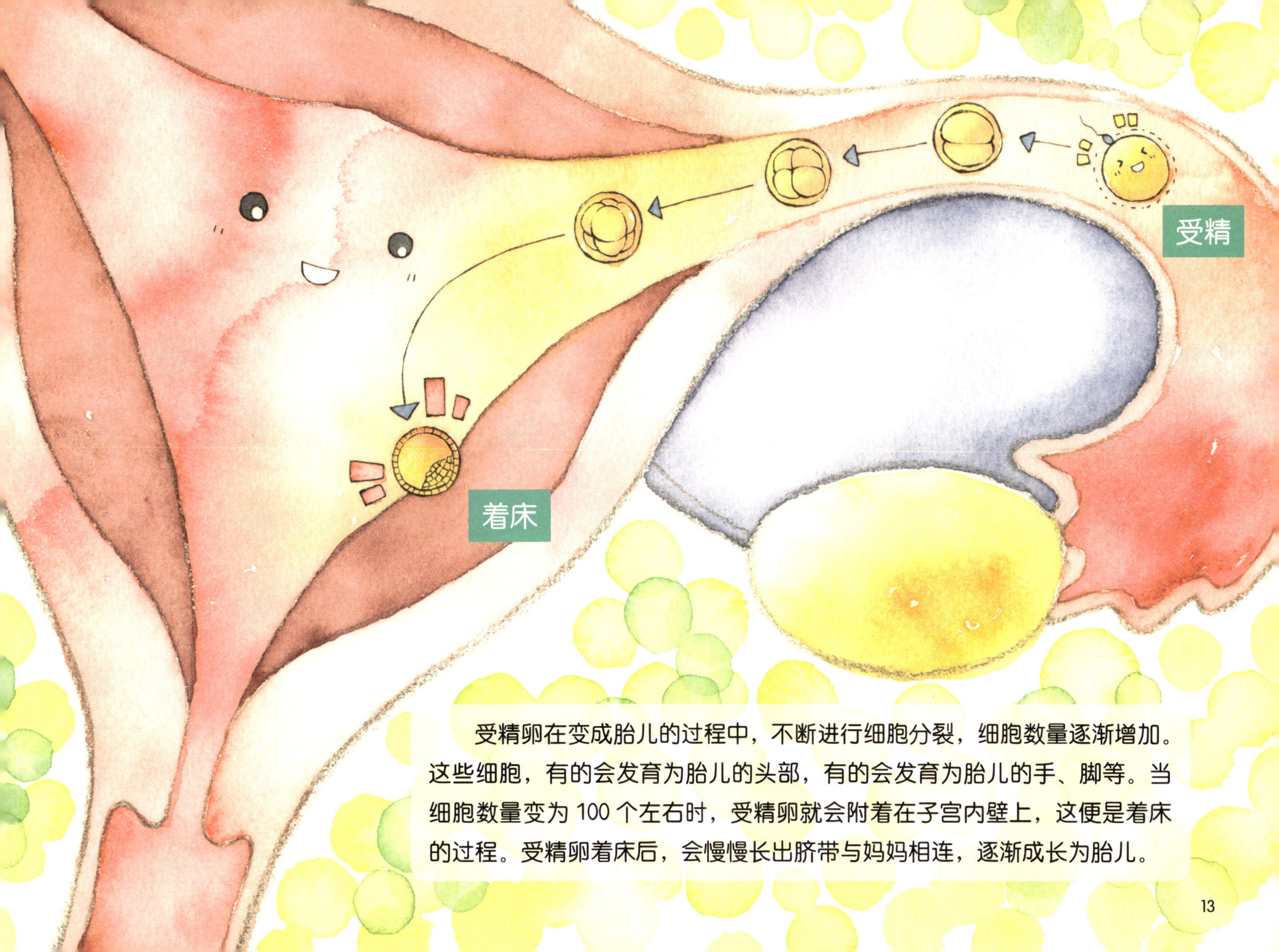

受精卵在变成胎儿的过程中，不断进行细胞分裂，细胞数量逐渐增加。这些细胞，有的会发育为胎儿的头部，有的会发育为胎儿的手、脚等。当细胞数量变为 100 个左右时，受精卵就会附着在子宫内壁上，这便是着床的过程。受精卵着床后，会慢慢长出脐带与妈妈相连，逐渐成长为胎儿。

什么是“受精卵的细胞分裂”？

1个细胞分裂成2个、2个细胞分裂成4个、4个细胞则分裂成8个……新细胞就是通过这种分裂的方式诞生的，这个过程称为“细胞分裂”。我们的身体是由约60万亿个细胞构成的，因此受精卵在变成人之前会不断经历细胞分裂，这样细胞数量才会逐渐增加。

为什么卵子和精子结合后会变成人？

细胞内有核，而核内则有染色体等。一般来说，人的细胞中共有46条染色体，卵子和精子各带有23条染色体。

受精后，受精卵共带有46条染色体，与人其他的细胞一样，它继承了父母双方的遗传信息，经过成百上千次细胞分裂，逐渐构成了人的身体。

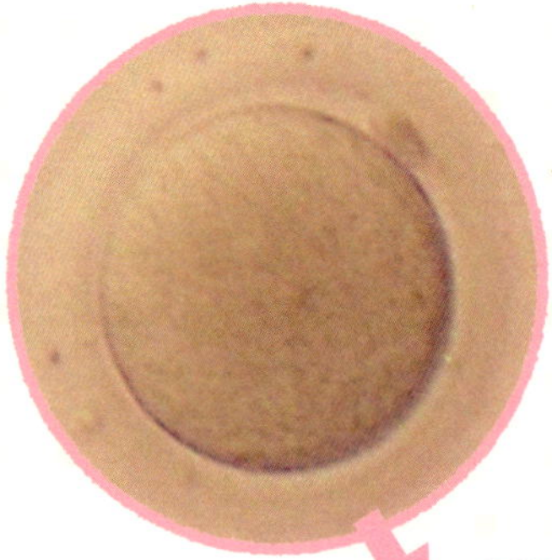

细胞分裂开始前

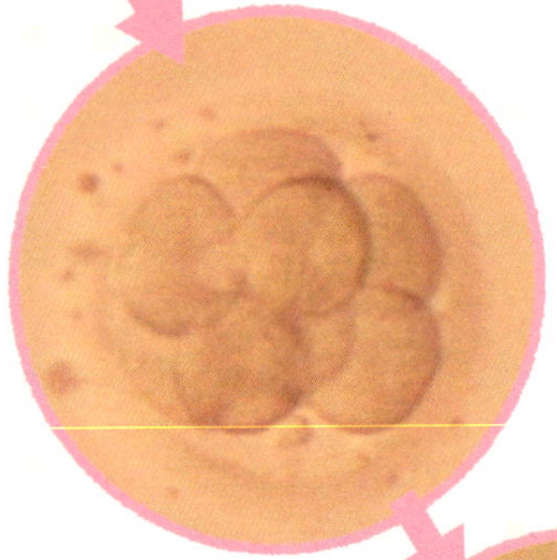

细胞分裂2天后

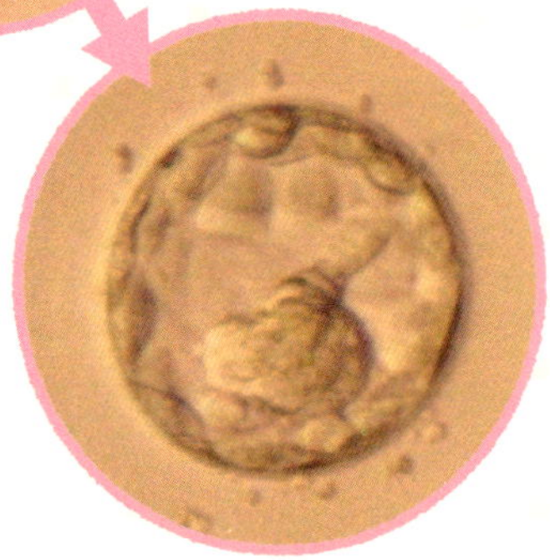

细胞分裂5天后

肚子里的胎儿

在妈妈的肚子里一点点长大的胎儿

受精卵着床后，便开始在妈妈的肚子里一点点成长为胎儿。大约会用 10 个月的时间，来做好出生的准备。

在生命开始后的第 3 周左右

这个时候的胎儿，有尾巴，有鳃，像条小鱼，还没有成人形。大约从第 2 周起，胎儿的脑便开始形成。

在生命开始后的第 4 ～ 7 周（约第 2 个月）

6周左右的胎儿大小

身高2~3厘米

体重约4克

标准体重：和一颗樱桃差不多重

胎儿的头部和身体能够区分开，尾巴逐渐退化，开始变得像个人。这时，是脑、心脏、神经等基本构造形成的重要时期。

在生命开始后的第 8 ～ 15 周（第 3 ～ 4 个月）

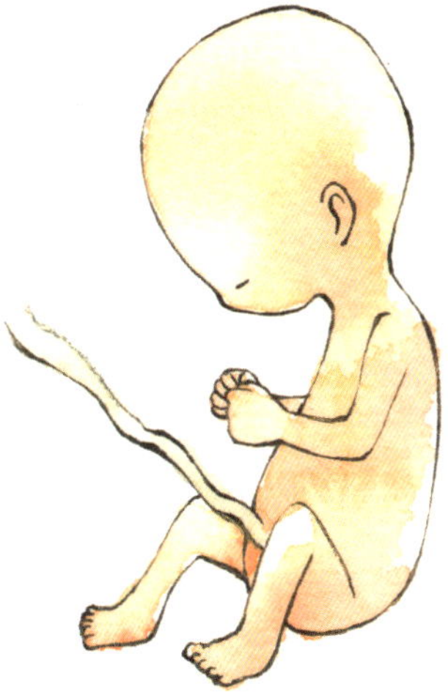

9周左右的胎儿大小

身高8~9厘米

体重约25克

标准体重：和一颗草莓差不多重

胎儿长出了手脚，并且手指和脚趾也开始一根根分开。这个时候胎盘已经形成，因此胎儿可以从妈妈那儿获得氧气、营养成分等，体重也开始快速上升。

在生命开始后的第 16 ～ 19 周（约第 5 个月）

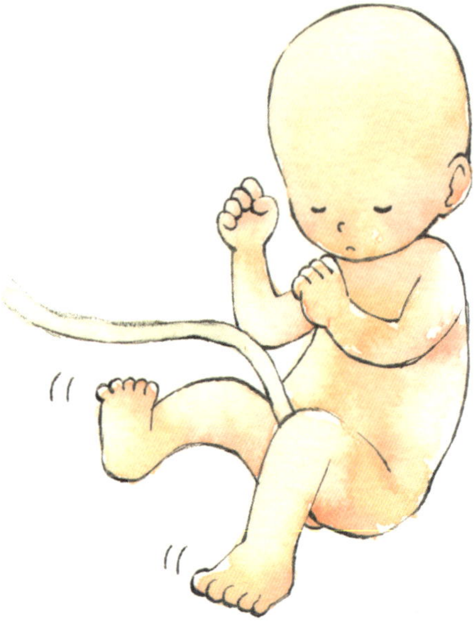

耳朵发育完成，胎儿开始能听到妈妈和周围的声音了。

17周左右的胎儿大小

身高约20厘米

体重约200克

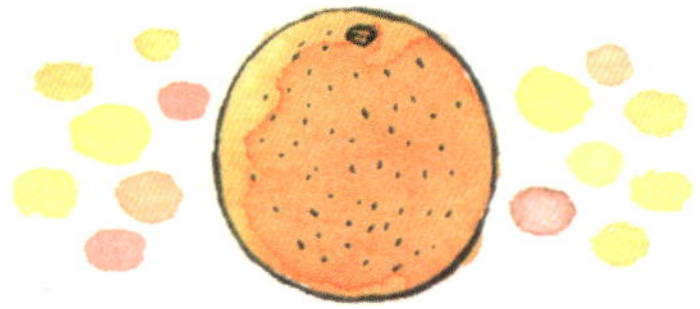

标准体重：和一个橙子差不多重

胎儿开始长出覆盖全身的胎毛。这个时候，胎儿的脑袋大约有一颗鸡蛋那么大，占了身体的三分之一。胎儿在妈妈的肚子里时而伸伸手、时而踢踢腿，不停地在活动。有时，妈妈也能感受到胎儿的这些活动。

在生命开始后的第 20 ～ 23 周（约第 6 个月）

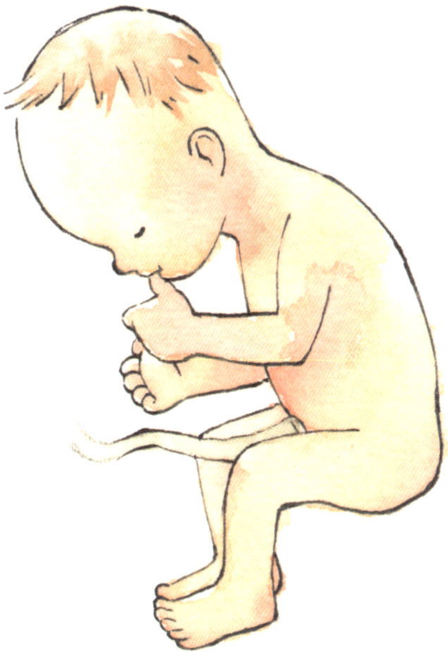

胎儿在羊水中活力满满地运动着，很享受在妈妈肚子里的欢乐时光。

胎儿的内脏开始慢慢运作起来，胎儿喝了自己周围的羊水后，便开始排尿。他会时不时摸摸自己的身体、吮吮手指，似乎是在为之后吃奶做练习一般。

在生命开始后的第 24 ～ 31 周（第 7 ～ 8 个月）

此时的胎儿，一会儿睁开眼睛，一会儿又闭上眼睛。据说，这是在对外部的光线、声音等刺激作出反应。

28周左右的胎儿大小

身高35~40厘米

体重约1500克

标准体重：和一个南瓜差不多重

胎儿长出了头发、指甲等，身体的大部分细胞，以及心脏、肺等基本发育完成。身体开始长出脂肪，脸蛋开始变得肥嘟嘟。

在生命开始后的第 32 ～ 38 周（第 9 ～ 10 个月）

随着胎儿不停地在羊水中活动，胎儿开始不断变大，妈妈的子宫也逐渐变得拥挤，这时胎儿改为了头部朝下的姿势，并保持这种姿势到出生。

37周左右的胎儿大小

身高48~50厘米

体重3000克

标准体重：和一个中等大的西瓜差不多重

覆盖全身的胎毛逐渐变稀薄，皮肤一点点变成粉红色，内脏等结构已基本发育完成，胎儿已做好随时出生的准备。

肚中胎儿的发育机制

妈妈肚中的胎儿被羊水保护着，并通过脐带和胎盘从妈妈的身体里获得氧气、营养成分等，然后不断长大。

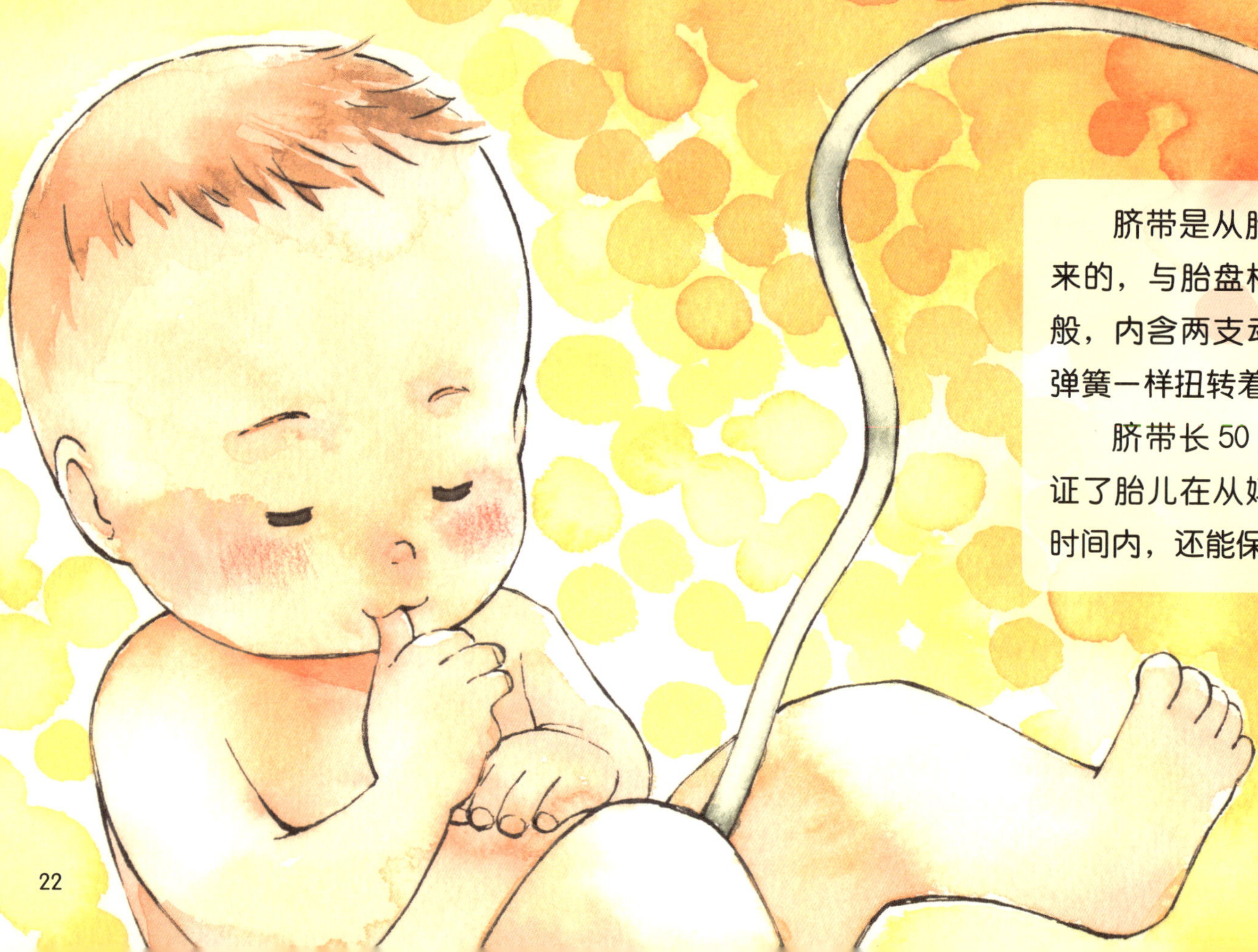

脐带是从胎儿的肚脐那个位置长出来的，与胎盘相连。脐带长得像细绳一般，内含两支动脉和一支静脉。脐带像弹簧一样扭转着，即使被拉伸也不会断。

脐带长 50 ～ 60 厘米。这个长度保证了胎儿在从妈妈肚子里出来后的短暂时间内，还能保持与胎盘相连的状态。

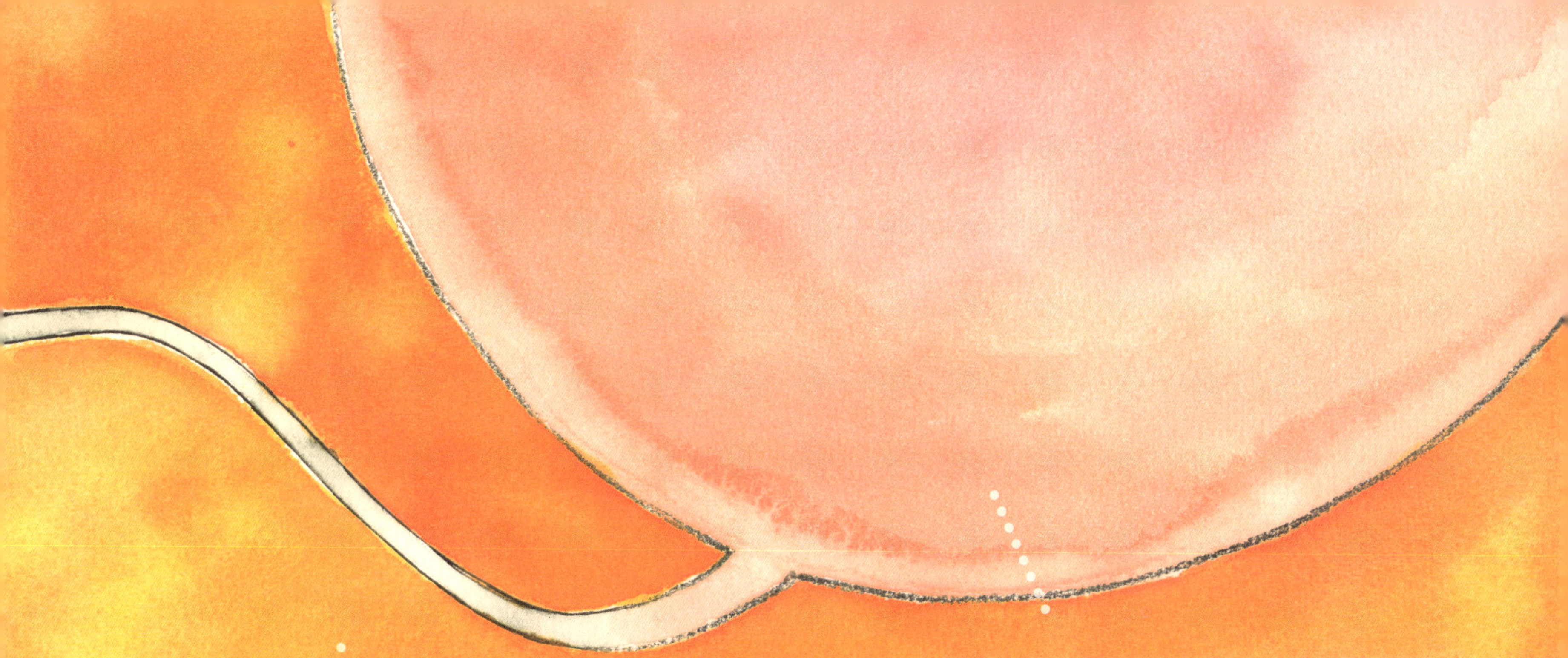

羊水是浅黄色的液体，具有保护胎儿免受冲击的作用。羊水温度为 36 ～ 37 ℃，类似温水泳池的感觉。最开始，羊水的量大概为 30 毫升，不过随着胎儿不断长大，羊水的量也会随之增加，可达 700 ～ 800 毫升。羊水被包裹在羊膜腔——一个像袋子一般的结构内，而胎儿则悬浮在其中。

胎盘会随着胎儿的成长而变大，在生命开始后的第 4 个月左右完全成形，通过脐带与胎儿相连。它从妈妈的血液中汲取氧气、营养成分等，然后再传输给胎儿。此外，它还会将胎儿所不需要的东西，运回妈妈的身体。

生命脆弱又顽强

生命的开始是不可思议的。虽然精子有几亿个，但并不一定都会与卵子相遇。并且，即使相遇了，卵子也不一定会受精。

在妈妈肚子里成长的胎儿也是一样。每个努力长大的胎儿，未必全部能健康出生，可能会出于某些原因而没法长大，在妈妈肚子中死去。其中的原因很多，比如，胎儿自身的生命力不足、妈妈的身体状况不好等。

无论是精子与卵子相遇、结合的过程，还是在肚子中被妈妈好好保护着的胎儿，与生命相关的一切都充满了不确定性。胎儿在健康出生前，还需要闯过许多难关。可是，一个独一无二的精子和一个独一无二的卵子结合出的生命，就像奇迹一般，有着极强的生命力。

一起来看看肚子里的胎儿

将 B 型超声波机器的探头放在妈妈的肚皮上，就能看到肚中胎儿的样子了。

在生命开始后第 2 周左右

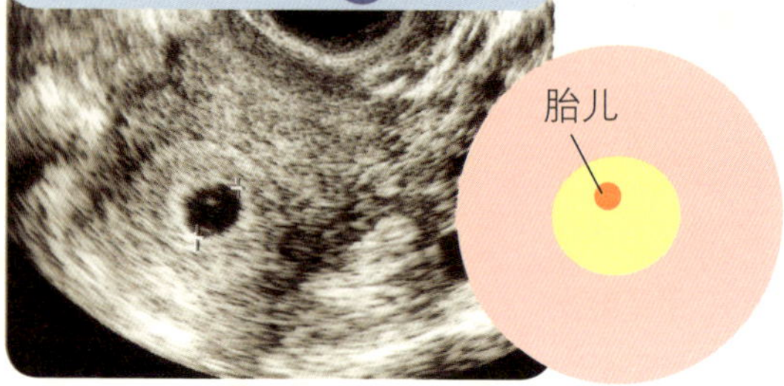

黑色的圆点是包裹着胎儿的袋子，白色的小点则是胎儿。

在生命开始后第 8 周左右

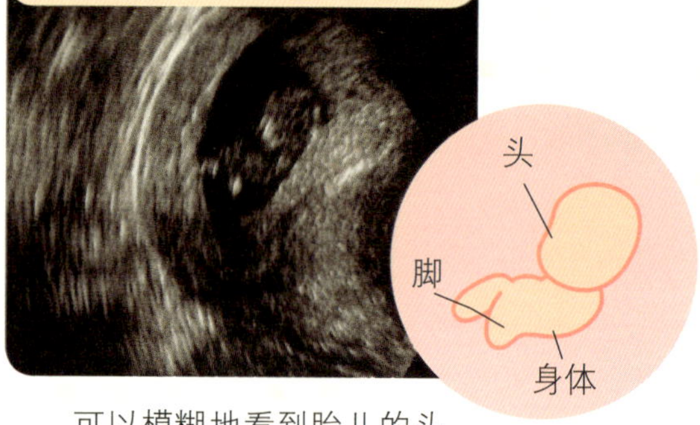

可以模糊地看到胎儿的头、身体和脚。

在生命开始后第 12 周左右

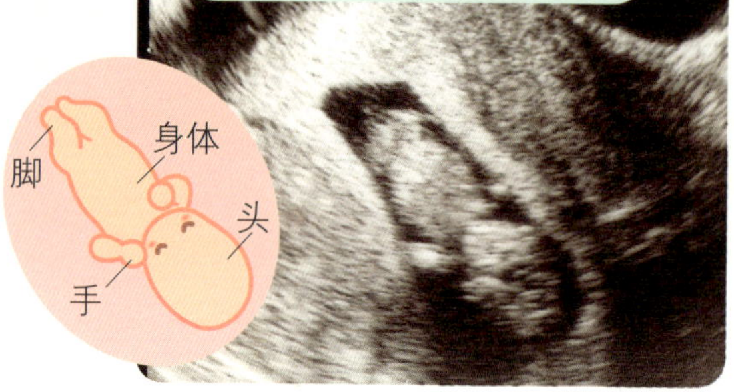

能清楚地看到头、手和脚，胎儿已经初现人形了。

在生命开始后第 16 周左右

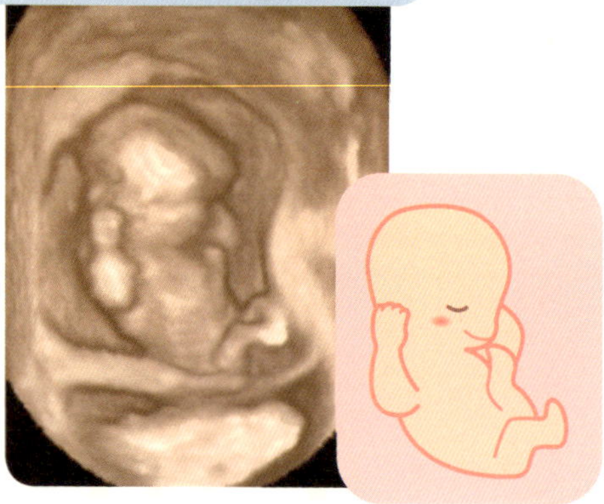

能够清楚地看到胎儿的两只手在头两边弯曲着。

在生命开始后第 28 周左右

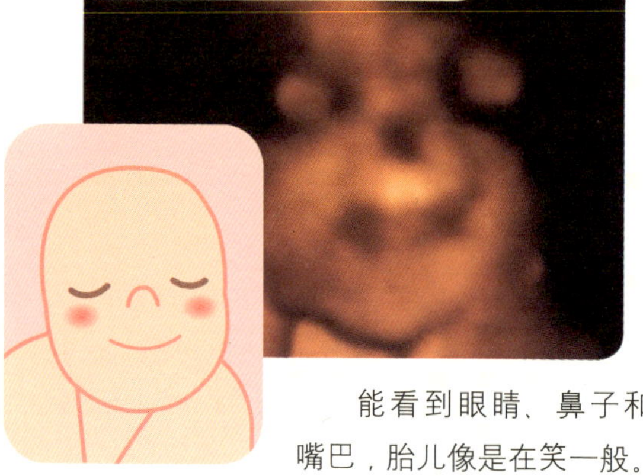

能看到眼睛、鼻子和嘴巴，胎儿像是在笑一般。

在生命开始后第 29 周左右

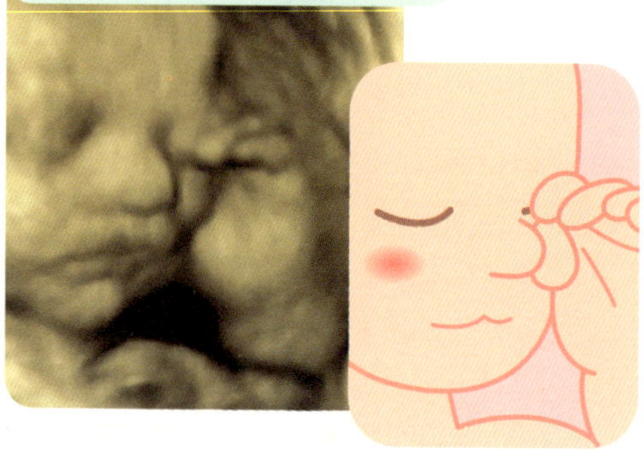

胎儿似乎是在用左手擦眼睛，手指已经长得很好了。

婴儿的诞生

婴儿诞生之时

大约在卵子受精后的第 10 个月，胎儿已经发育到一定程度，做好了从妈妈肚子里出来的准备，便向妈妈发出信号，告诉妈妈："我要出来了哦！"

随着胎儿的长大，妈妈的肚子也不断变大。即将分娩的妈妈会比孕前重 10 公斤左右，这个重量不仅包括胎儿的重量，还包括胎盘、羊水等的重量。

然后，子宫便不断收缩，努力将胎儿从肚子中挤出来。而妈妈感受到的疼痛则会一点一点增强，这便是产前阵痛。

若妈妈能配合阵痛，腹部用力，那便有助于胎儿娩出。

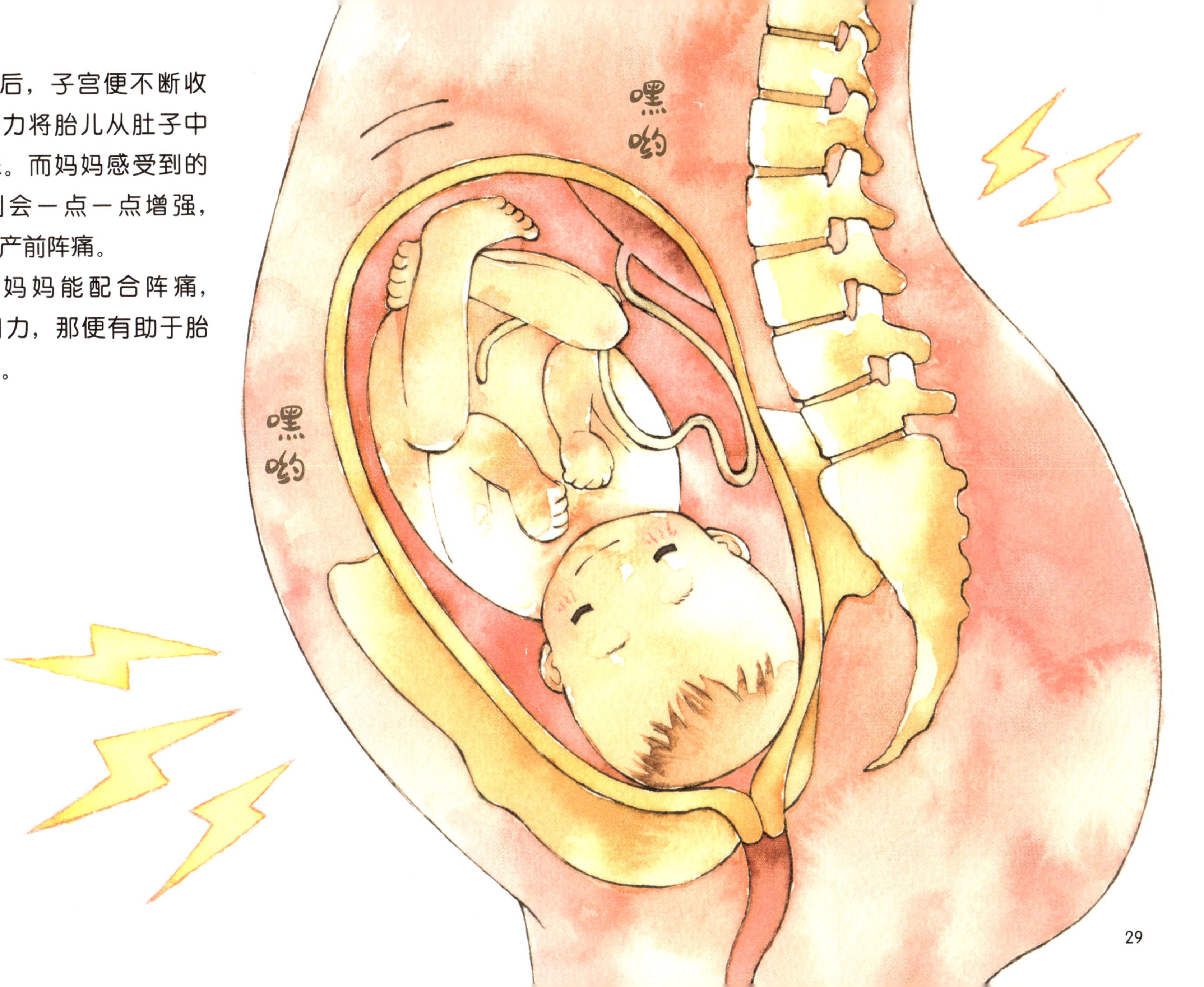

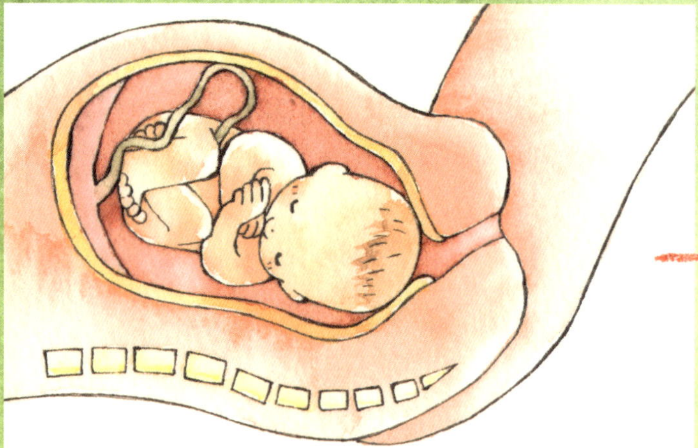

头朝下的胎儿慢慢进入产道，一点点地被妈妈从肚子里挤出来。

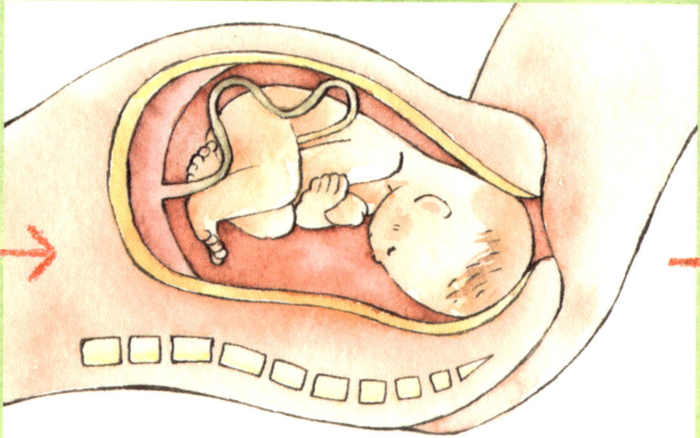

胎儿会配合妈妈腹部的用力，让自己的头部、身体回旋起来，以便于从妈妈的肚子里出来。

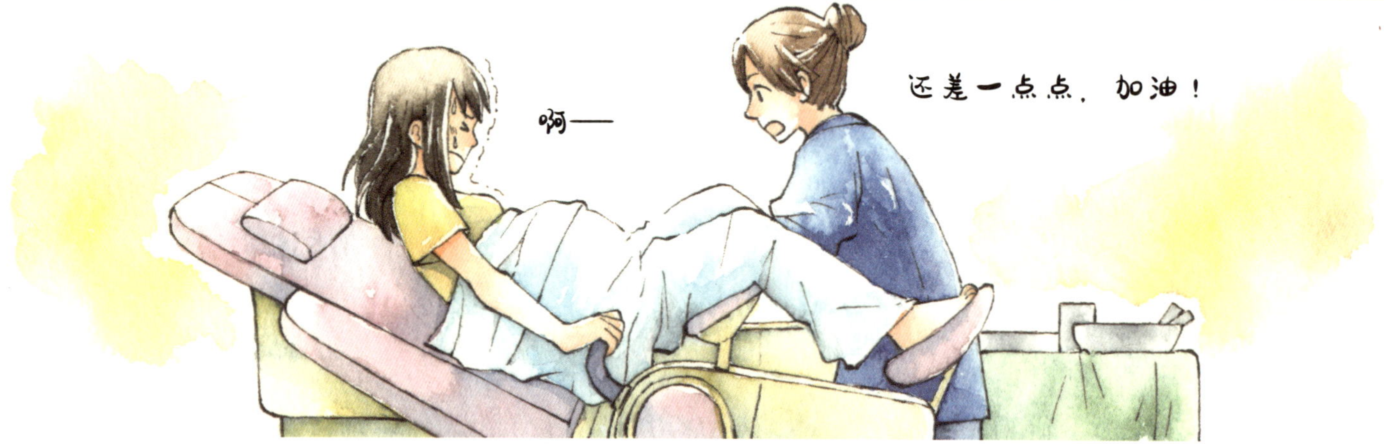

整个过程中，妈妈的肚子会很疼。分娩，不是妈妈一个人努力就行的，需要妈妈和胎儿一起努力。

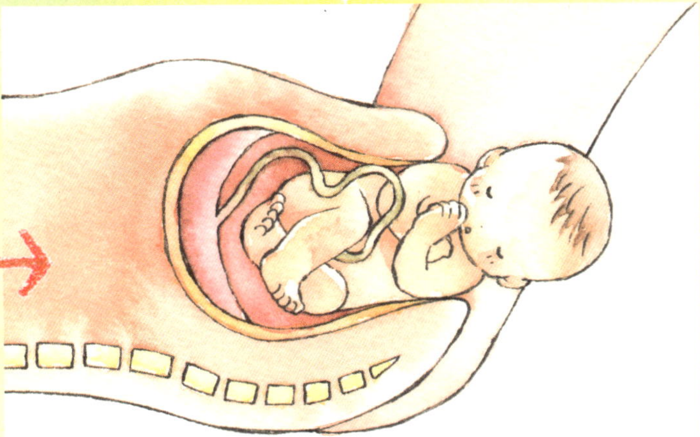

胎儿的头部出来后，一边的肩膀先出来，然后另一边的肩膀也跟着出来，之后身体便全部从妈妈的肚子里出来了。

从胎儿发出信号到结束分娩，需要 8 ～ 15 个小时。每个胎儿出生所用的时间不尽相同，有的胎儿出生需要几个小时，有的胎儿出生甚至需要几天。

胎儿在通过产道时，若花费的时间过多，可能会危及胎儿及妈妈的生命。之所以说分娩很艰难，就是因为胎儿出生是胎儿和妈妈忍着疼痛、一起努力很长时间的结果。

此外，对于出于各种各样原因而无法通过妈妈产道出生的胎儿，医生便会将妈妈的肚子剖开，将他取出来。

婴儿出生了

刚出生的婴儿会放声哭泣。哭泣是在婴儿吸气后吐气时发出的声音，是婴儿会独立呼吸的证明。当婴儿可以自主呼吸了，医生就会将脐带剪掉。

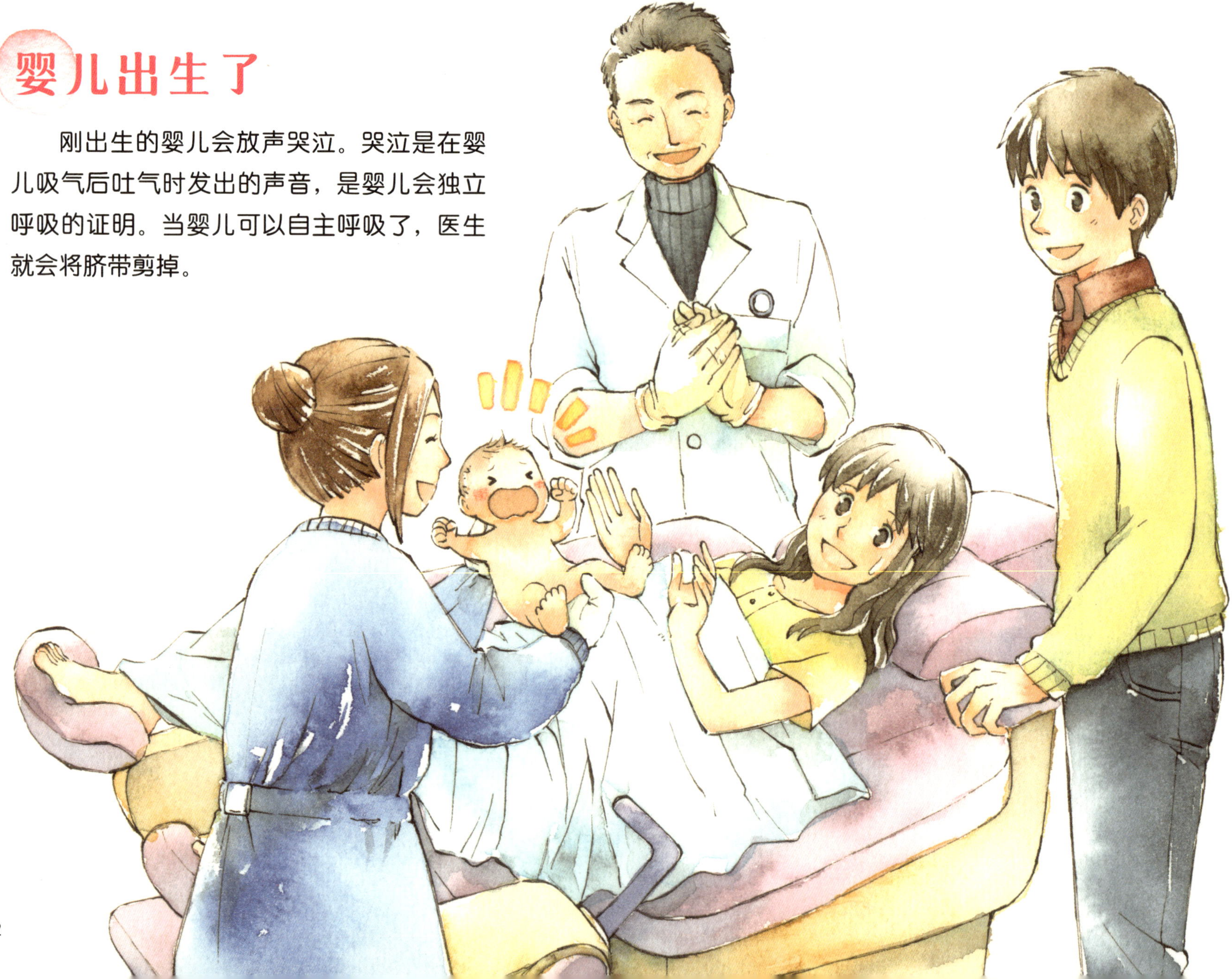

刚从妈妈肚子里出来的婴儿，会因为找不到妈妈而哭泣。

一旦被放在妈妈的肚子上，婴儿就会找回在妈妈肚子里的感觉，因而也就冷静下来，不哭了。

即使是刚出生的婴儿，也会含着妈妈的乳头吸奶。母乳中有婴儿所必需的营养，还有能够保护婴儿不生病的物质。

刚出生的婴儿

嘴巴：轻抚其脸颊，婴儿便会把脸转向那个方向，嘴巴微张，做吮吸状。

身高 48 ～ 50 厘米，体重 2700 ～ 3000 克。

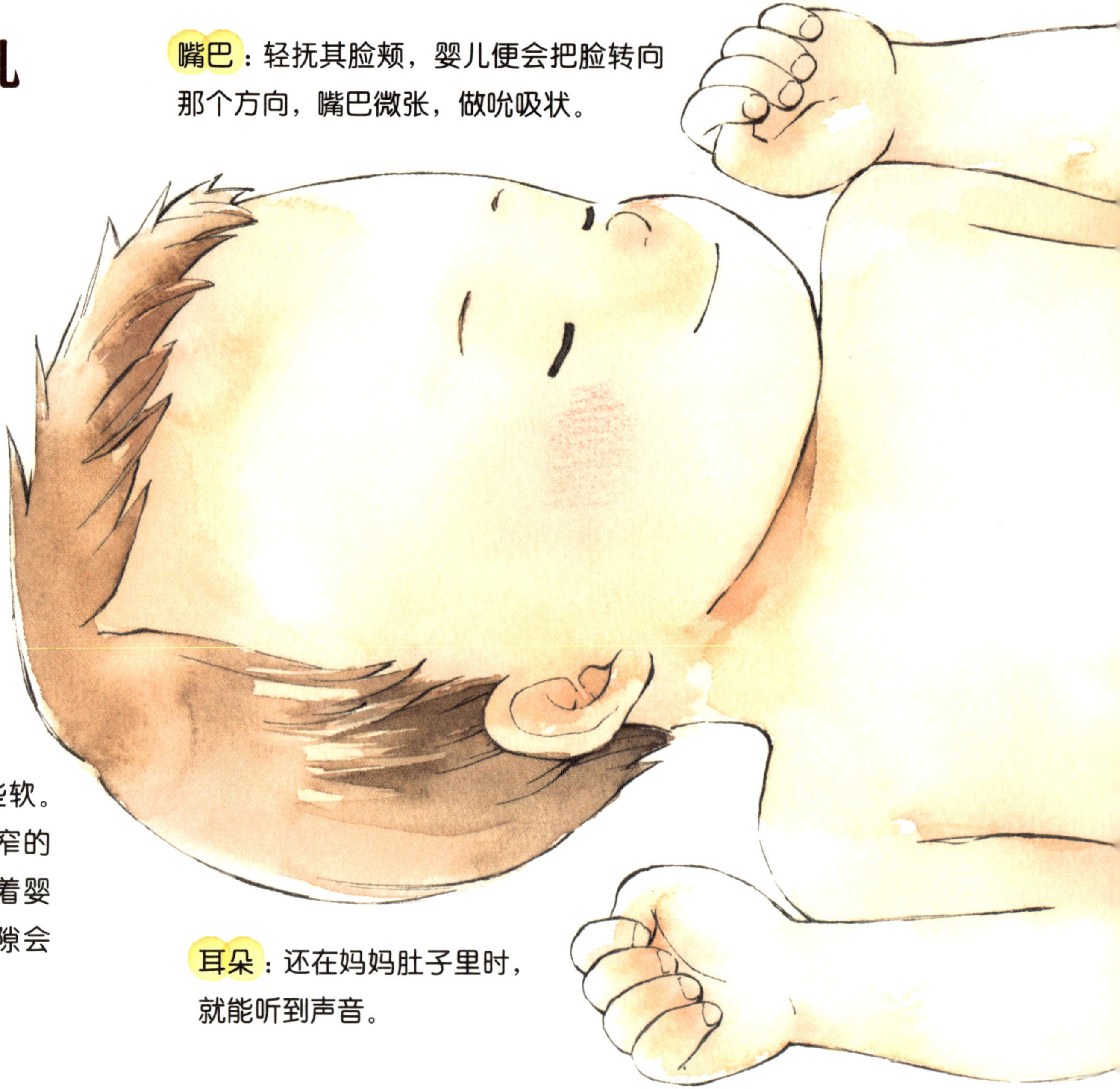

眼睛：能分辨明亮与黑暗，还能辨别出妈妈的脸。

头：头骨中存在缝隙，有些软。这是为了让婴儿在通过狭窄的产道时，头不被卡住。随着婴儿不断发育，头骨中的缝隙会逐渐闭合，头骨也会变硬。

耳朵：还在妈妈肚子里时，就能听到声音。

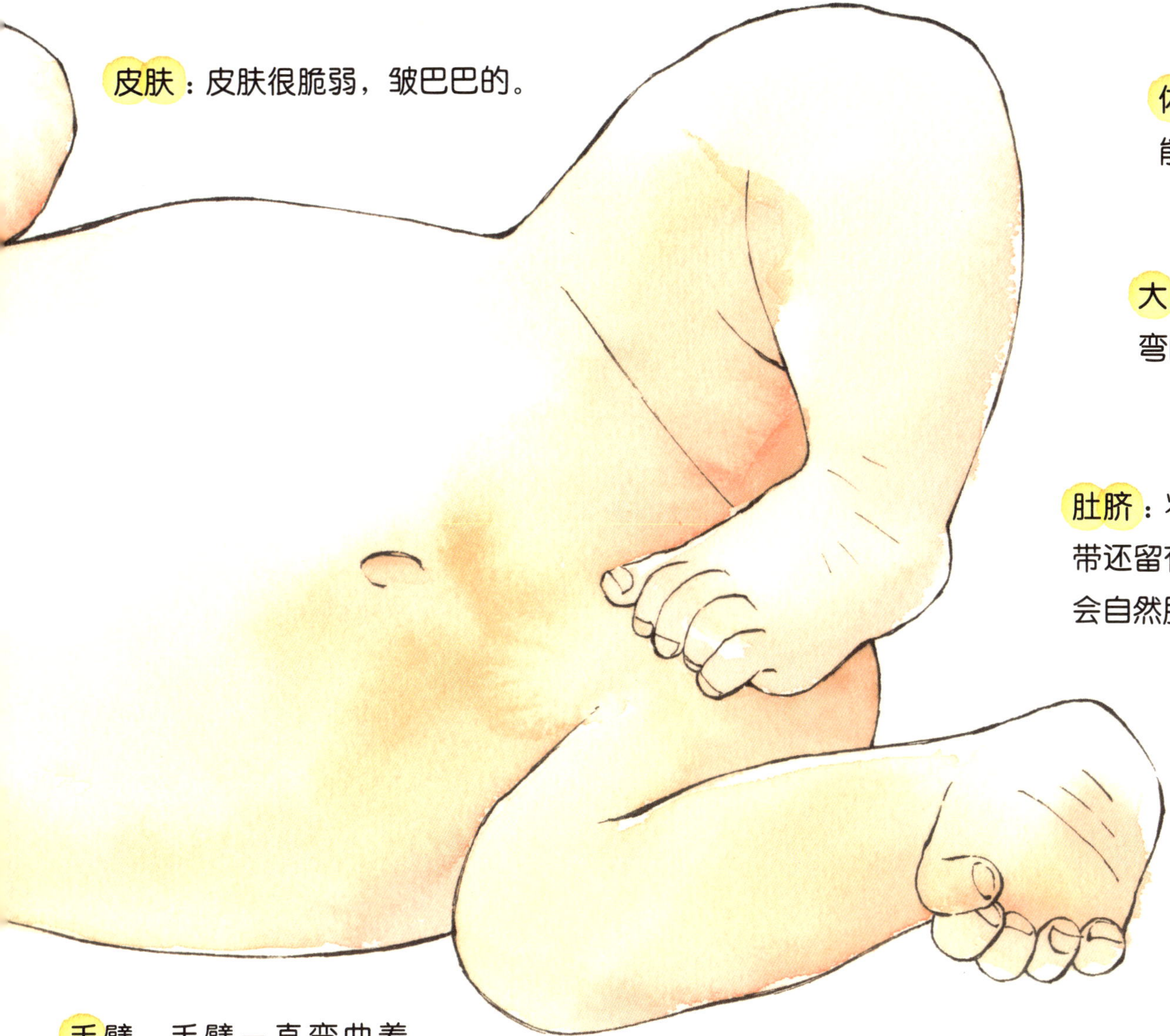

皮肤：皮肤很脆弱，皱巴巴的。

体温：平均在 37℃左右，还不能自己调节体温。

大腿：大腿张开着，呈“M”形弯曲。

肚脐：将婴儿与妈妈连接在一起的脐带还留有些剩余部分，5～10 天后便会自然脱落，形成肚脐。

这幅画中婴儿的大小与刚出生的婴儿几乎一样大。

手臂：手臂一直弯曲着，两只手臂构成了“W”形。

背部：整个背部都覆盖着胎毛。

从婴儿开始成长

生命的诞生充满着惊喜。从受精卵到发育成婴儿出生，体重增加了30倍。小到肉眼都无法看到的生命的源头，在妈妈的肚子里进行了难以想象的发育过程，最后长成婴儿诞生。

出生时只会哭的婴儿一点点长大，很快就学会了放声大笑，开始牙牙学语，能够坐立、爬行……

婴儿成长的速度因人而异，但大约在出生1年后，基本都学会了站立、走路，还会说一些简单的词语。之后，慢慢学会与他人交往、理解他人的感受。

正如凭借自己的力量出生一样，婴儿的心理与身体都具备了成长的力量。

在之后的成长道路上，请找到自己的路，勇敢前进吧！

后 记

生命的诞生，即生命的开始。这个世界上所有的生物都是从诞生开始成长的。人作为一种生物，也是以同其他生物类似的机制获得生命的。已诞生的生命则又像传接力棒，将生命传递给下一代。

人的生命是这样诞生的：从爸爸那儿得到一个精子细胞，再从妈妈那儿得到一个卵子细胞，然后通过受精这一环节，形成生命诞生的源头——受精卵。受精卵在妈妈的子宫中安定下来后，就开始分裂。1 个受精卵细胞分裂成 2 个细胞，然后分裂成 4 个、8 个……与此同时，不断发育，最终才有了人形。这个过程不可思议，却又很精密。

精子与卵子的共同作业是人的生命诞生所不可或缺的。包括人在内的所有生物，都无法凭借一己之力诞生，都是通过借助他人之力诞生“自己的生命”的。自己的出生以及今后活下去都必须感谢这优秀的生命机制。

希望家长与孩子能通过本书了解生命的重要性。

［日］平原史树

编者注：本书是站在孩子的立场编撰而成的，所采用的叙述方式简单易懂。此外，本书中涉及的“在生命开始后的第 X 周”，指的是受精后的周数。公认的怀孕周数是从最后一次月经后开始计算的，因此在换算时，需在本书中的“在生命开始后的第 X 周”的基础上，再加上 2 周（例：在生命开始后的第 3 周 = 妊娠 5 周）。

照片

横滨市立大学附属市民综合医疗中心生殖医疗中心 [日] 千木野美和

持田Siemens Medical System 股份公司 [日] 筒井麻美子

参考文献

《Poplardia情报馆 人体》[日] 坂井建雄主编 白杨社

《New Wide 学研图鉴 人体》[日] 阿部和厚主编 学习研究社

《生命的伟大！婴儿的诞生》[日] 大叶七子主编 素朴社

《最新 妊娠百科》[日] 竹内正人主编 主妇友社

编者简介

[日] 平原史树

1997年毕业于日本横滨市立大学医学部。曾前往美国留学，并担任讲师，于1998年兼任横滨市立大学医学部妇产科学教授、附属医院遗传诊疗部部长、横滨市立大学国际先天性异常监测中心（WHO关联机构）所长。2012年起，任横滨市立大学附属医院院长。

专攻妇产科学。在所有的大学附属医院中，横滨市立大学附属医院是为数不多被指定为“母婴亲善医院（Baby Friendly Hospital）”的医院，旨在促成注重妈妈和胎儿之间羁绊的分娩。

图字：01-2021-3916

Original Japanese title: AKACHAN WA DOKOKARA KURUNO?
supervised by Fumiki Hirahara, illustrated by Hiroi Imoto

Original Japanese edition published by Shonen Shashin Shimbunsha Inc.
Simplified Chinese translation rights arranged with Shonen Shashin Shimbunsha Inc.
through The English Agency (Japan) Ltd. and Qiantaiyang Cultural Development (Beijing) Co., Ltd.

图书在版编目（CIP）数据

懵懵懂懂青春期预备图册 . 男生版 /（日）平原史树等编；鲍忆涵译 . —北京：东方出版社，2021.10
ISBN 978-7-5207-2385-5

Ⅰ . ①懵… Ⅱ . ①平… ②鲍… Ⅲ . ①男性—青春期—性教育 Ⅳ . ① G479

中国版本图书馆 CIP 数据核字（2021）第 179889 号

懵懵懂懂青春期预备图册（男生版）：宝宝是从哪里来的？
MENGMENGDONGDONG QINGCHUNQI YUBEI TUCE（NANSHENG BAN）：BAOBAO SHI CONGNALI LAIDE?
[日] 平原史树 / 编 [日] 井元广 / 绘 鲍忆涵 / 译

策　　划：鲁艳芳　黎民子
责任编辑：鲁艳芳　金　琪
出　　版：東方出版社
发　　行：人民东方出版传媒有限公司
地　　址：北京市西城区北三环中路 6 号
邮　　编：100120
印　　刷：北京联兴盛业印刷股份有限公司
版　　次：2021 年 10 月第 1 版
印　　次：2021 年 10 月北京第 1 次印刷　2021 年 12 月北京第 2 次印刷
开　　本：787 毫米 ×1092 毫米　1/16
印　　张：2.5
字　　数：10 千字
书　　号：ISBN 978-7-5207-2385-5
定　　价：90.00 元（全 3 册）
发行电话：（010）85924663　85924644　85924641

宝贵的身体和心灵

〔日〕村濑幸浩／编
〔日〕五十岚绫／绘

人民东方出版传媒
People's Oriental Publishing & Media
東方出版社
The Oriental Press

目录

身体发育

隐私部位

心理成长

身体发育

不断发育的身体

刚出生不久的婴儿在外观上没有太大差别，因此我们很难从外观上判断出眼前的婴儿是男孩还是女孩。从出生到上小学，男孩和女孩的体形也几乎差不多，但一般来说，在长大成人后，男孩的体形会更大一些。此外，男孩与女孩间的体形差异也会逐渐显现。

婴儿时期，男孩和女孩之间的确没有太大差别呢。

大人与小孩的差别

到了小学高年级，小孩的身体逐渐发育，不断向成人靠拢。在这个时期，男孩和女孩的身体开始出现各种各样的变化。这是因为我们的身体正在为生命的延续做准备。

成年男性的肩膀要比男孩的更宽，也更结实。

此外，成年男性还有胡须，腿毛也会更浓密。

身体发生变化的时期，是因人而异的哦。

身体发生变化的时间，
并不是越早越好哦。
发育速度也是因人而异哟。

女孩成年后，胸部会增大，腰也会变得更粗一些。全身都会变得更为丰满。

这是在为将来长大成人后，延续新的生命做准备。

身体内部

孩子在长大成人的过程中，身体是在发生变化的。那么，让我们先来看看身体内部的结构是什么样的吧！

肺

吸入空气

肝脏

储存营养，分解对身体不好的东西

肠

吸收营养

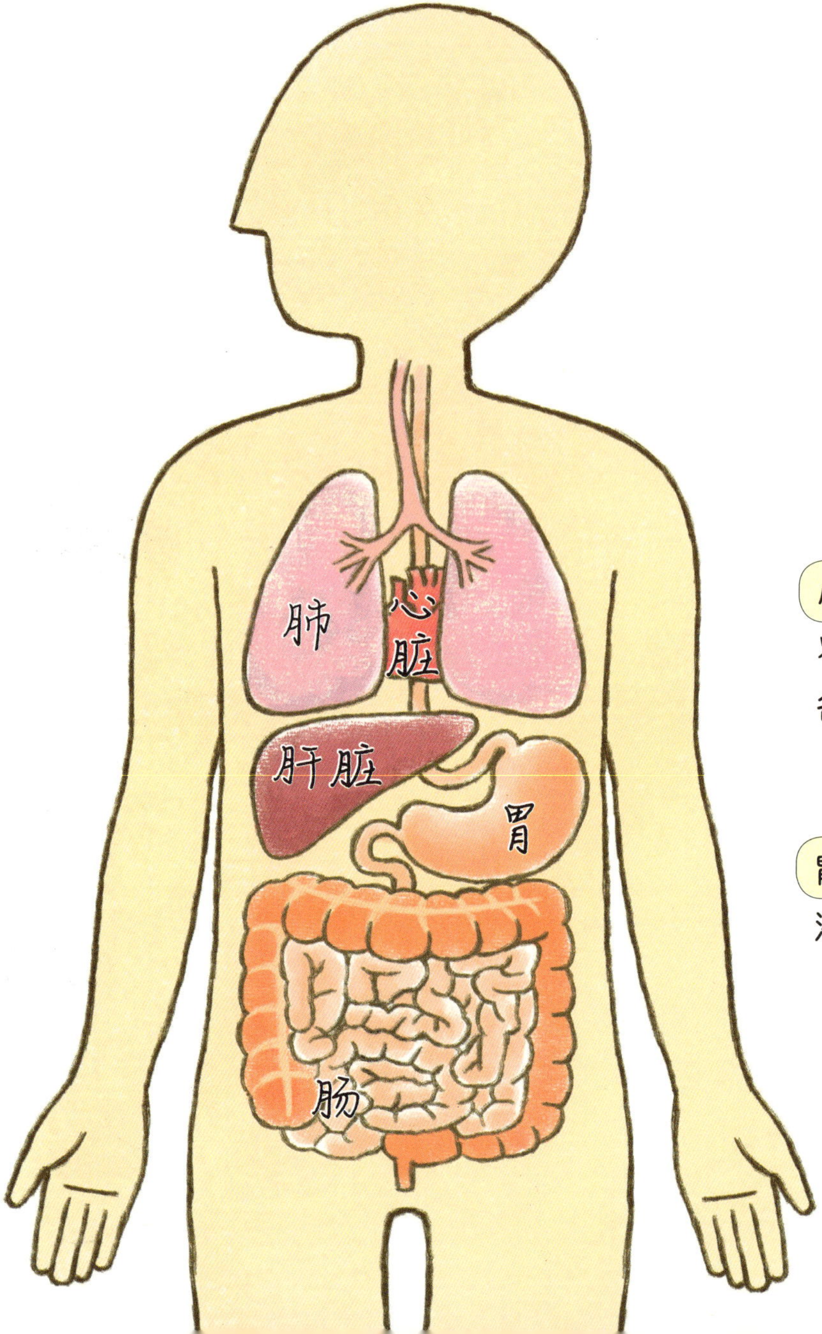

心脏

将血液输送到全身各个部位

胃

溶解食物

不论男女，身体内部的结构看起来是一样的，但其实也有一个很大的差别哦！

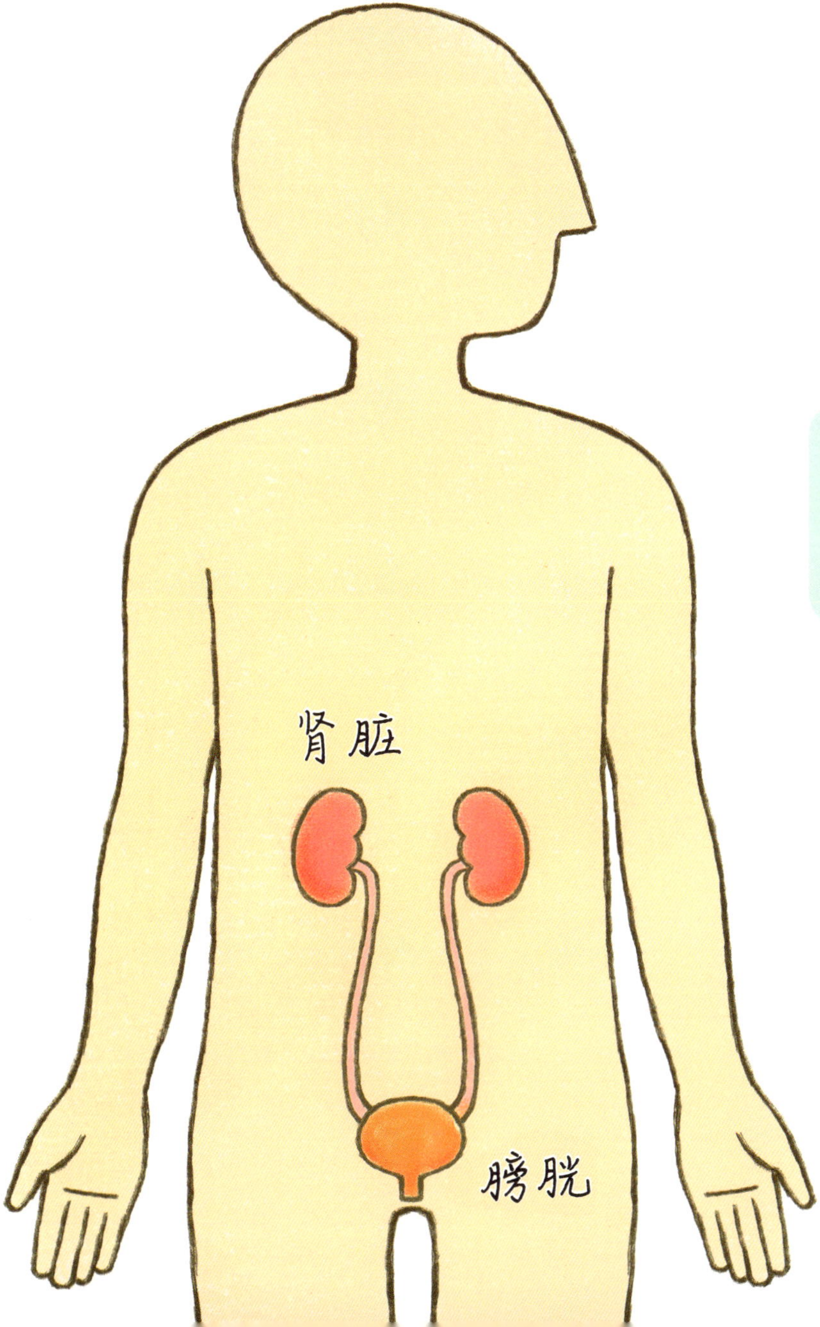

肾脏
产生尿液

膀胱
储存尿液

在男孩和女孩的身体内部，有一个不同之处，那就是性器官（生殖器）。男性的性器官产生“精子”，女性的性器官产生并培育“卵子”，这两个都是生命的源头。

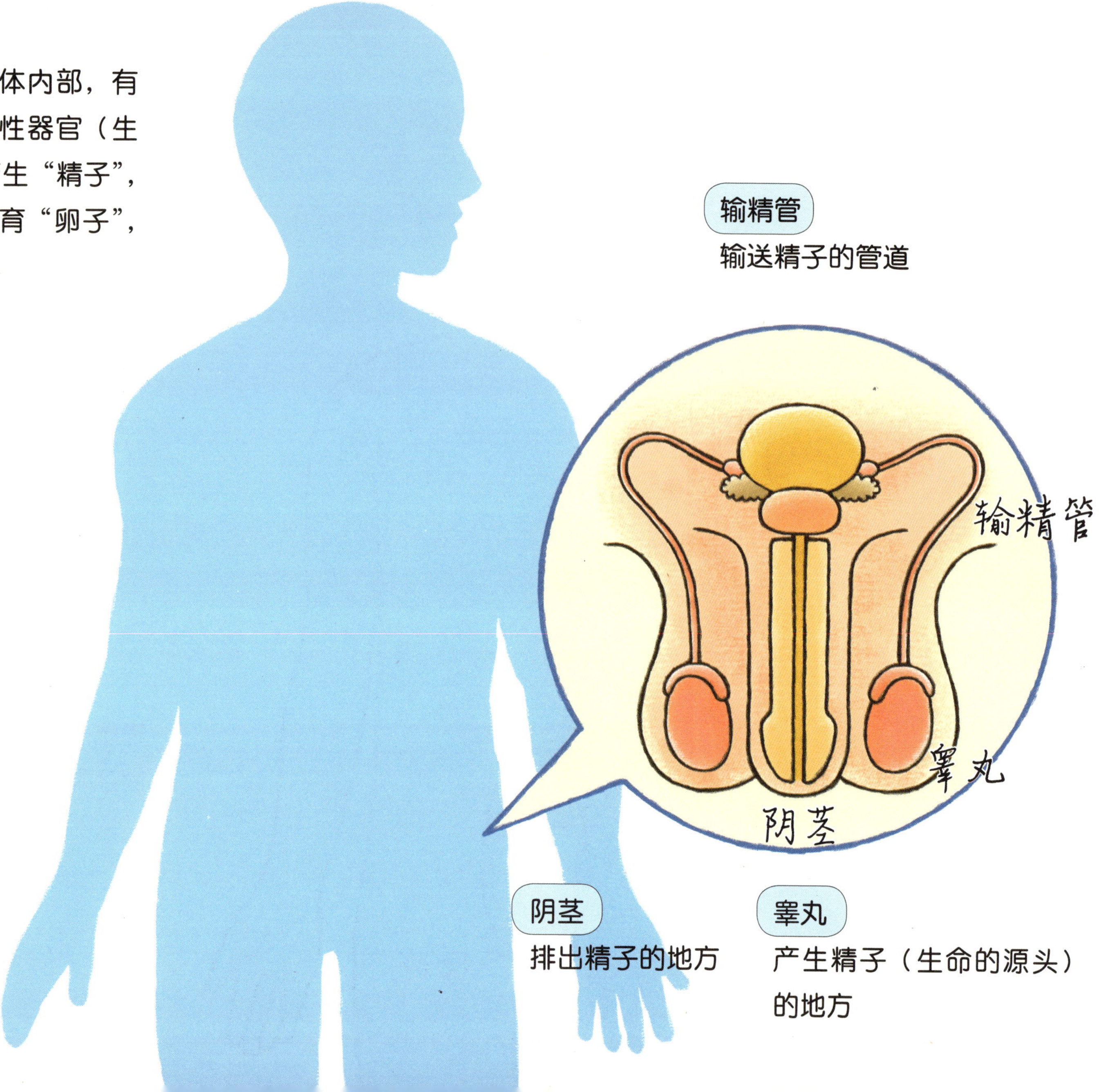

输卵管

接住从卵巢中出来的卵子，并将其输送至子宫

子宫

孕育胎儿的地方

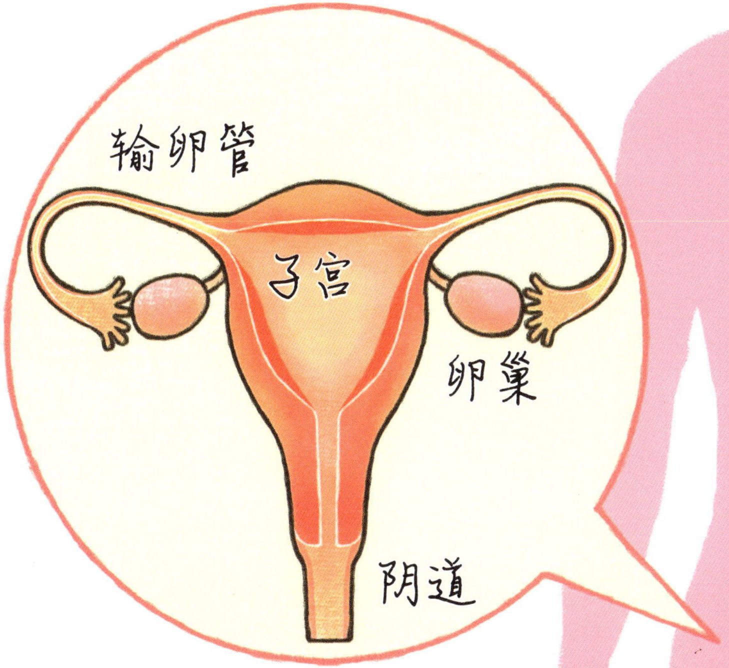

阴道

胎儿的通道

卵巢

培育卵子（生命的源头）的地方

与身体一样，性器官也是在不断发育成长的哦！

男孩要像个男孩？女孩要像个女孩？

“男孩是不可以哭的哦！”“女孩要文文静静的哦！”大家都听到过这样的话吧。男孩不能哭吗？女孩就必须文文静静的吗？没有这种事！

男孩也有很多爱哭的；女孩中既有性格活泼开朗的，也有文文静静的。不要片面地下类似“男孩就应该这样，女孩就应该那样”的结论。

每个人喜欢的事物、兴趣等都各不相同。请大家不要因为自己是男孩或者是女孩，便给自己轻易地下定义，也不要顾虑别人给自己的定义，勇敢地去尝试各种各样的事情吧！

隐私部位

你知道身体各部位的名字吗？

身体是由头、颈、躯干和四肢构成的，每个部位都有自己的名字。当身体受伤、不舒服时，我们应该用各部位的名字准确地描述自己的状况，比如，究竟是什么部位疼、具体是哪里受伤了等。

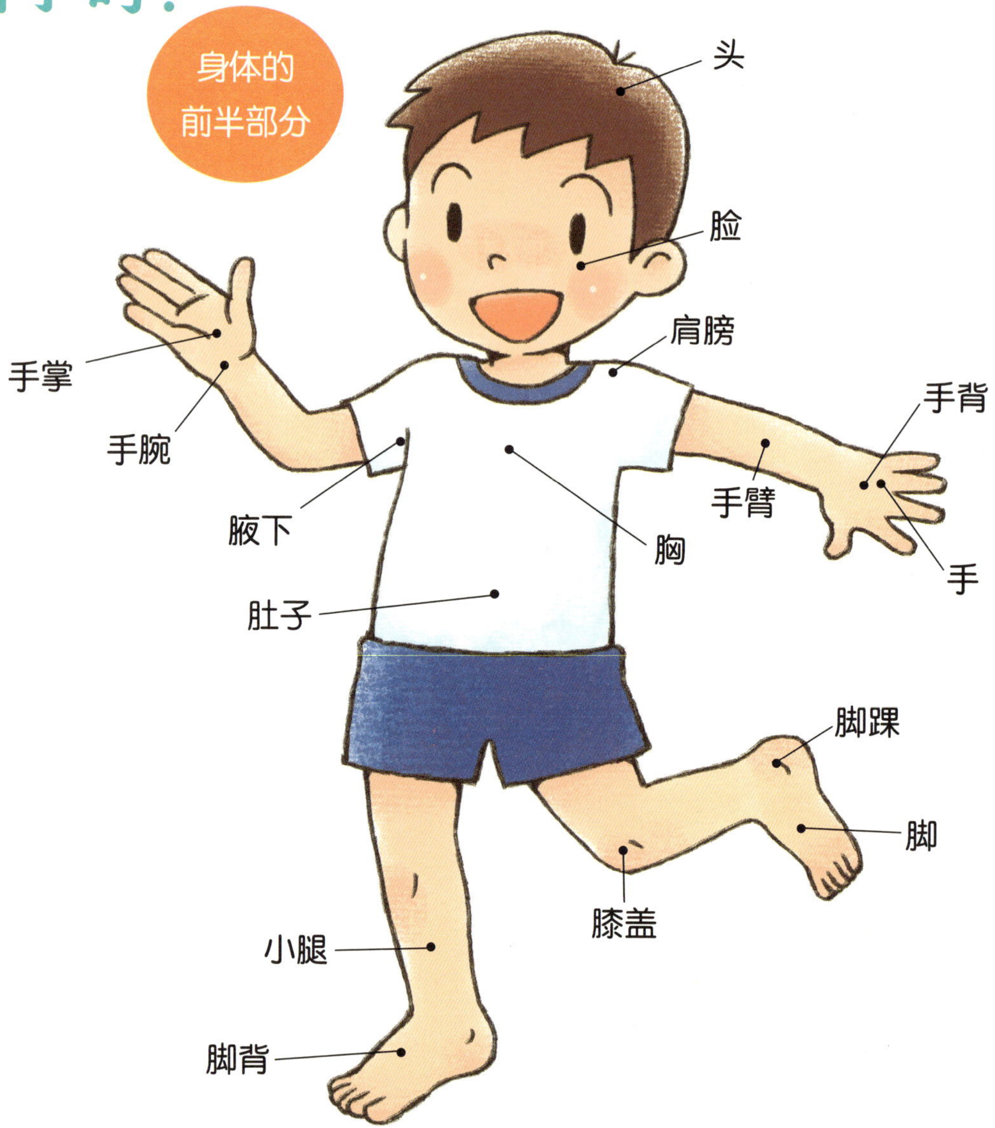

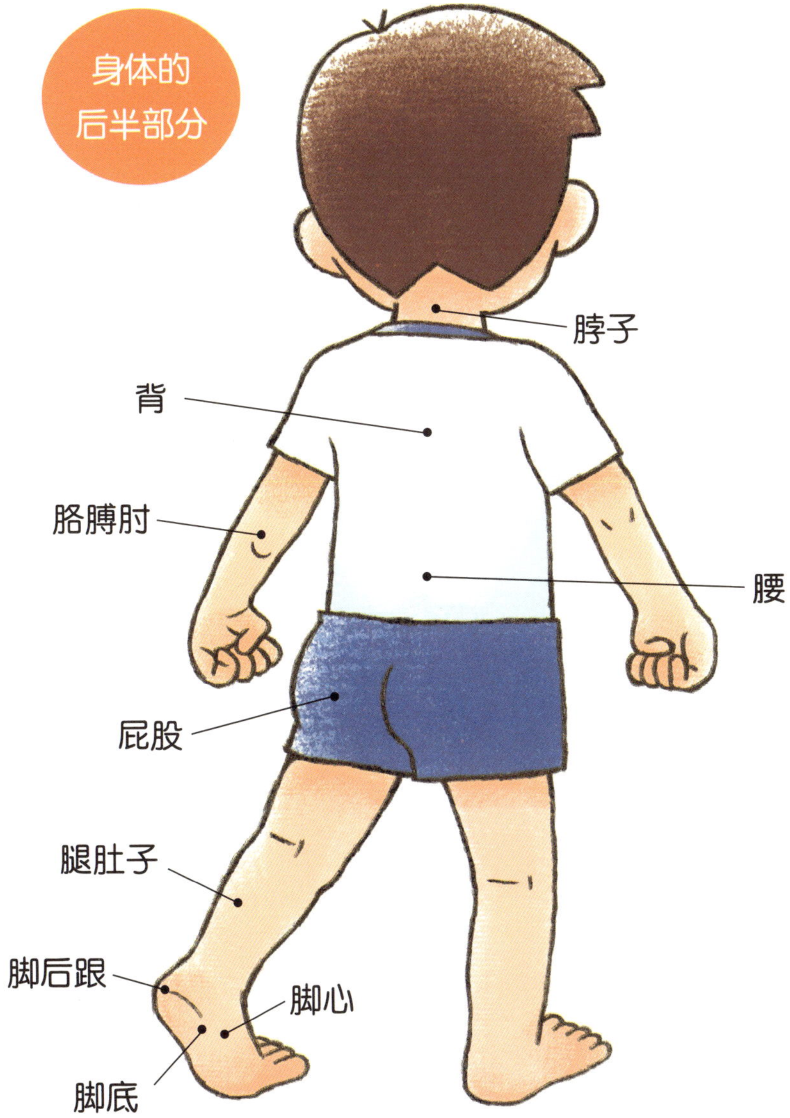

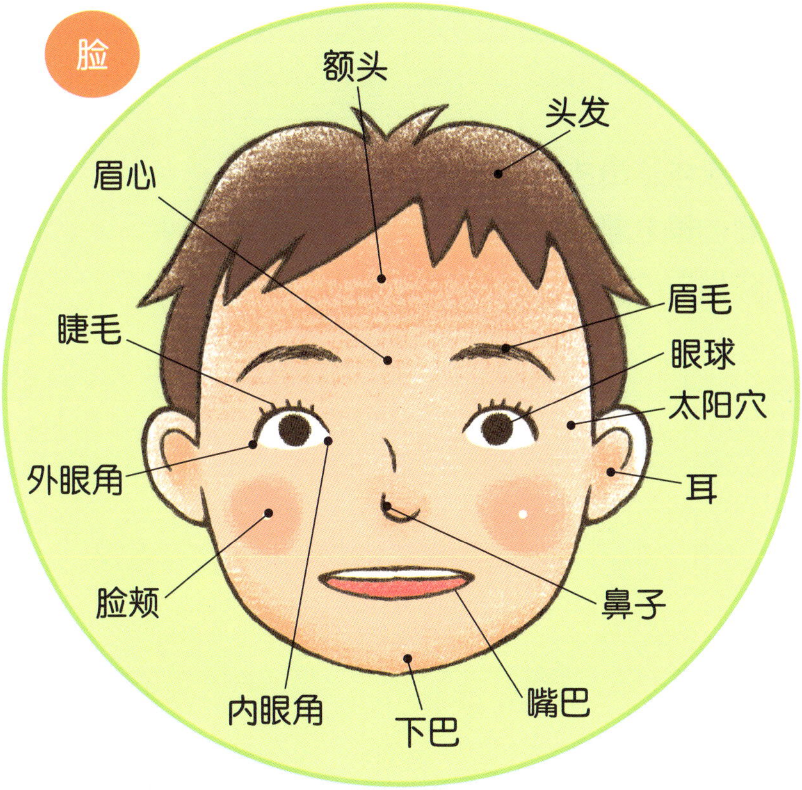

你能说出哪些呀？
最好能对照自己的身体和脸蛋，
把这些部位的名字都记住。

隐私部位

泳衣、内衣、内裤遮住的地方，是至关重要的隐私部位。胸部、性器官、屁股是只能我们自己看到或触摸的重要部位。

“隐私”含有“私人的”的意思，代表了“仅属于自己的东西”。

虽说隐私部位是属于我们自己的很重要的部位，但如果感觉到这些部位不舒服，就需要让家里人或者医院的医生帮忙查看一下。

当然，嘴巴、男孩的胸部也是隐私部位哦！

守护自己的身体

我们的隐私部位是非常柔软且容易受伤的。病菌很容易进入隐私部位，因此我们要时刻保持隐私部位的清洁。大家要认真仔细地清洗隐私部位哟。

保持身体的清洁是件很重要的事情哦！

不要让别人看或者摸我们的隐私部位。如果有人试图强行看或者摸我们的隐私部位，一定要强硬拒绝！

哪怕对方是大人，
哪怕对方是熟人，
一定要强硬地拒绝哦！
可以大声喊出："不要！"

如果遇到这类事情，
男孩也要强硬拒绝！

每个人都有自己的隐私部位。因此，我们不能拿别人的隐私部位开玩笑，也不能强迫别人将他 / 她的隐私部位给自己看。请像保护自己的隐私部位一样，保护他人的隐私部位吧！

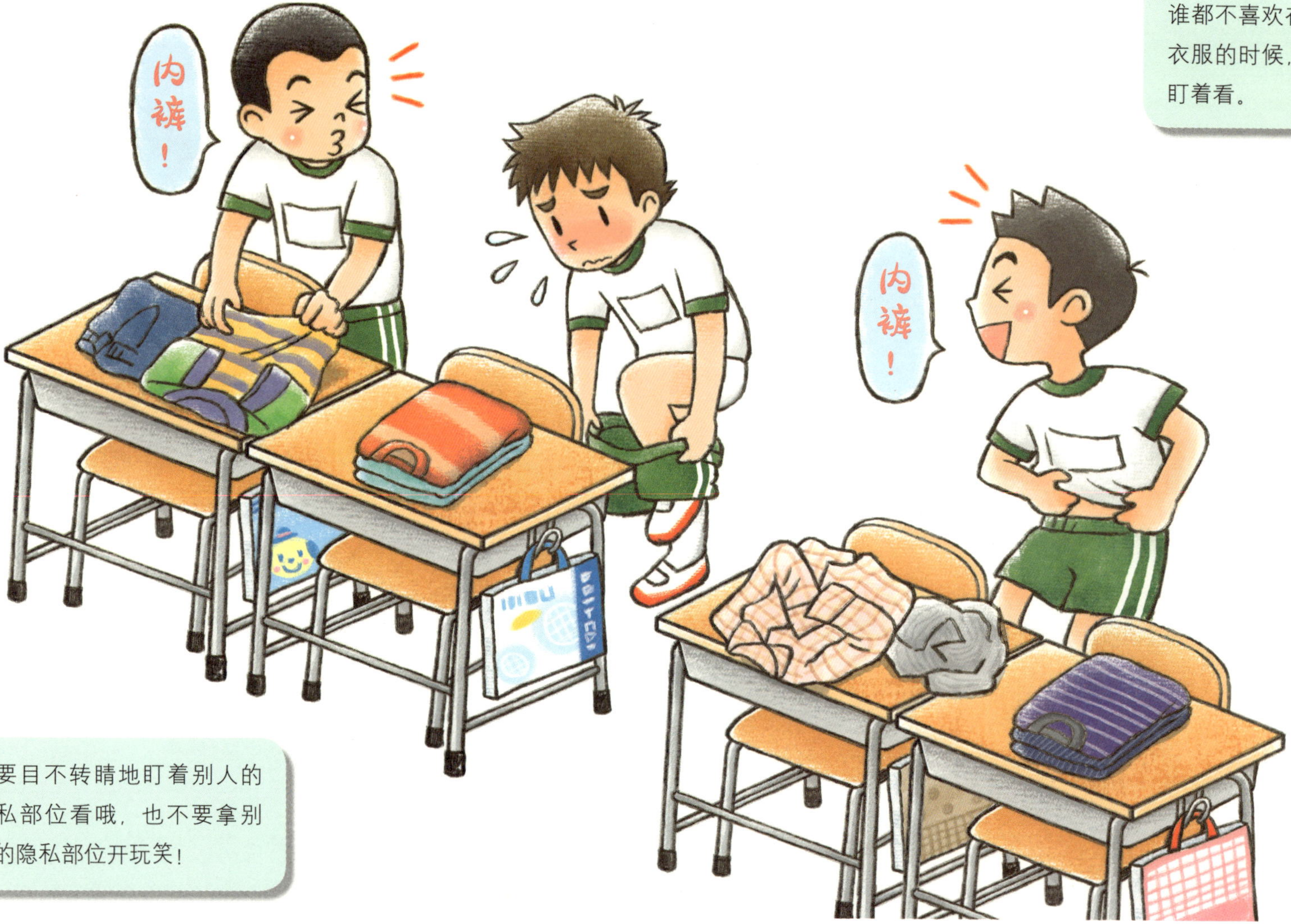

谁都不喜欢在自己换衣服的时候，被别人盯着看。

不要目不转睛地盯着别人的隐私部位看哦，也不要拿别人的隐私部位开玩笑！

不想说的事情就不要说，即使对方是你的朋友。

当你被强迫做不想做的事情时……

我们自己的身体，由我们自己来守护。当你被强迫做不想做的事情时，需要怎么办呢？我们平时得好好考虑一下。

逃跑时，要朝着人多的地方跑。

向老师、父母等信得过的大人倾诉。

要当心和你搭话的陌生人哦！

外出时的“约法三章”

在外玩耍，对我们心灵与身体的成长非常有利，但我们要避免被卷入各种事故中。

在外出前，必须告诉家里人自己和谁、去哪里、做什么、什么时候回来。注意不要因为贪玩而忘记了回家的时间。

此外，平时也要注意观察，心里要清楚哪些地方人流量少、容易出事，哪些地方很危险。以防万一，也可以带上报警器。要牢牢遵守外出前和家里人的约定，这样才能在外面愉快地玩耍哦！

心理成长

不断成长的心理

与身体一样，人的心理也在不断发育成熟。不过，心理的发育没有身体的发育那么明显，是缓慢渐进的。

你是不是也曾因为没能如愿以偿而大哭大闹、耍脾气？相信每个人都有过这样的经历吧。

小时候，我们总是凭感觉行动，只考虑自己。

随着慢慢长大，我们能更好地控制自己的情绪，也学会了与周围的人进行合作。

心理成长所必需之物

你是不是发现自己变得比小时候更会忍耐了？随着年龄的增长，在我们与他人的交往中、在经历了各种各样的事情后，我们的内心也在不断成长。

独自一人朝着目标不断奋进、与他人合作共同完成任务……各种各样的经历都在让我们的内心不断成长。

各种各样的情绪

因反败为胜而开心、因被朋友捉弄而生气、因重要的东西损坏而悲伤……我们的心中会产生各种各样的情绪。每个人都有各自的情绪，这些情绪的感知方式也是因人而异的。

今天你的情绪是怎样的呢？
是右图中的一种吗？

惊恐
（啊）

觉得有意思
（啊哈哈哈哈）

悲伤
（呜呜）

害怕
（发抖）

高兴
（耶）

心满意足
（嘿嘿）

安心

（呼）

生气

（大发雷霆）

担心

（捏一把汗）

不甘心

（怎么会这样）

期待

（心怦怦跳）

无聊

（啊～）

紧张

（心跳加速）

失望

（垂头丧气）

重要的自我情绪

愉快的事情、高兴的事情、不顺利的事情、失落的事情、悲伤的事情……每天都会发生各种各样的事情。

遇到自己不喜欢的事情时，
就会什么也不想做。
大家都有过这样的体验吧。

无论是“高兴”“愉快”等好的情绪，还是“悲伤”“不甘心”等坏的情绪，都是非常重要的自我情绪。

如果不好的情绪一直持续的话，原本开心的事情也会变得不开心，身体状况也会变得不好。这个时候，大家可以尝试着做些自己喜欢的事情，来转换转换心情。

做些自己喜欢的事情，或者发发呆也可以。
总之，做些自己想做的事情吧。

传达情绪

遇到开心的事情，嘴角会不自觉地上扬；遇到悲伤的事情，眼泪会忍不住掉下来。虽然我们常会把情绪表现在脸上，但是别人能从我们的表情中准确把握我们的情绪吗？为了准确传达我们的情绪，我们需要用语言来表达自己的情绪。

我们有各种各样的情绪，有的也的确难以用语言表达。

这种时候，我们可以尝试着慢慢地将自己心中所想一点点说出来。

大家都在排队的时候，有人却想插队。遇到这种情况，你会说些什么呢？

别人也在排队，
所以不能插队哟。

大家都要遵守规则，
必须清楚地把这一
点说出来。

表达方式也很重要哦。
这样的话就容易演变
成争吵啦。

粗暴的态度、模棱两可的态度，都是不能准确地传达自我情绪的。

在准确传达自我情绪时，我们需要考虑对方将会因此处于一种怎样的情绪中。我们自己的情绪和他人的情绪都很重要。

之后，我们还会与更多的人交往。无论在何时，我们都要保护好自己的身体与心灵。与此同时，我们也要照顾到周边人的身体与心灵。

后 记

我要珍爱身体、生命以及心灵——要让这样的认知在孩子的内心生根发芽，就有必要在培养孩子的过程中，让孩子感受到自己是被珍视的。“被珍视”和“被爱”包含着类似的意思，如果能让孩子在成长过程中有这样的感受，孩子就能学会珍爱自己、珍爱他人。

我还想说一下有关男女性别的事情。此前，我们都理所当然地以为人的性别是非男即女的。但是近年，随着研究的不断深入，人权的概念不断得到重视，我们对于身体和心理的性别分化有了新的认识。有时，身体的性别和心理的性别并不一定是一致的，因此而产生的不安、烦恼被称为“性别违和感”。实际上，有的孩子从小学时就察觉到了这种违和感。如果遇到这种情况，请务必让周边的大人知晓。同时，我希望大人也不要硬把孩子归为男性或女性，而是认真倾听孩子的不安与烦恼，有必要时也可以找专业医生商量解决方法。

最近，各个国家都开始灵活地应对这些问题，有的地方甚至出现了中途改变性别的事情。

考虑到这些情况，我希望大家能够慢慢学会接纳各式各样的人的存在。

［日］村濑幸浩

参考文献

《与自己的身体交往》[日] 村濑幸浩主编 白杨社
《10岁以后的性教育(插画版)》[日] 高柳美知子编 “人和性”教育研究所联合出版
《小学馆图鉴NEO》[日] 松村让儿等指导执笔 小学馆
小学保健新闻No.524、No.874 少年写真新闻社

编者简介

[日] 村濑幸浩

1941年出生于爱知县名古屋市。

从东京教育大学毕业后的25年间，一直在和光高中当保健体育教员。这之后，在一桥大学、津田塾大学担任讲师的同时，在全国各地开展以“性”为主题的宣讲。著有《不要做一个畏畏缩缩的大人》(儿童未来出版社)、《男孩的性教育》(大修馆书店)等。

图字：01-2021-3916

Original Japanese title: TAISETSU NA KARADA · KOKORO
supervised by Yukihiro Murase, illustrated by Aya Igarashi

Original Japanese edition published by Shonen Shashin Shimbunsha Inc.
Simplified Chinese translation rights arranged with Shonen Shashin Shimbunsha Inc.
through The English Agency (Japan) Ltd. and Qiantaiyang Cultural Development (Beijing) Co., Ltd.

图书在版编目（CIP）数据

懵懵懂懂青春期预备图册．男生版 /（日）平原史树等编；鲍忆涵译．—北京：东方出版社，2021.10
ISBN 978-7-5207-2385-5

Ⅰ．①懵… Ⅱ．①平… ②鲍… Ⅲ．①男性—青春期—性教育 Ⅳ．① G479

中国版本图书馆 CIP 数据核字（2021）第 179889 号

懵懵懂懂青春期预备图册（男生版）：宝贵的身体和心灵
MENGMENGDONGDONG QINGCHUNQI YUBEI TUCE（NANSHENG BAN）：BAOGUI DE SHENTI HE XINLING
［日］村濑幸浩 / 编 ［日］五十岚绫 / 绘 鲍忆涵 / 译

策　　划：鲁艳芳　黎民子
责任编辑：鲁艳芳　黎民子
出　　版：東方出版社
发　　行：人民东方出版传媒有限公司
地　　址：北京市西城区北三环中路 6 号
邮　　编：100120
印　　刷：北京联兴盛业印刷股份有限公司
版　　次：2021 年 10 月第 1 版
印　　次：2021 年 10 月北京第 1 次印刷　2021 年 12 月北京第 2 次印刷
开　　本：787 毫米 ×1092 毫米　1/16
印　　张：2.5
字　　数：10 千字
书　　号：ISBN 978-7-5207-2385-5
定　　价：90.00 元（全 3 册）
发行电话：（010）85924663　85924644　85924641

男孩长大成人时

〔日〕岩室绅也／编
〔日〕中村光宏／绘

人民东方出版传媒
People's Oriental Publishing & Media
東方出版社
The Oriental Press

目录

逐渐接近大人的身体

逐渐接近大人的身体

嗨，大家好！

现阶段，大家都在不断地长高、不断地变重吧！但是，成为大人并不仅仅是身体的成长，身体的各个部位以及内心都会发生各种各样的变化。有时候，我们甚至会变得很粗暴。我们也不能像以前那样依赖着家人和老师了。真是惆怅啊。

但是，这是你学会珍惜周围的人、发现自己擅长之事的必经之路。这样一想，你是不是也有些激动呢？

究竟是怎样的变化在等待着大家呢？让我们一起来看一看吧。

什么？我是谁？可以说，我算是比你们稍微早些长大的“师兄”哦。

为什么会发生变化呢？

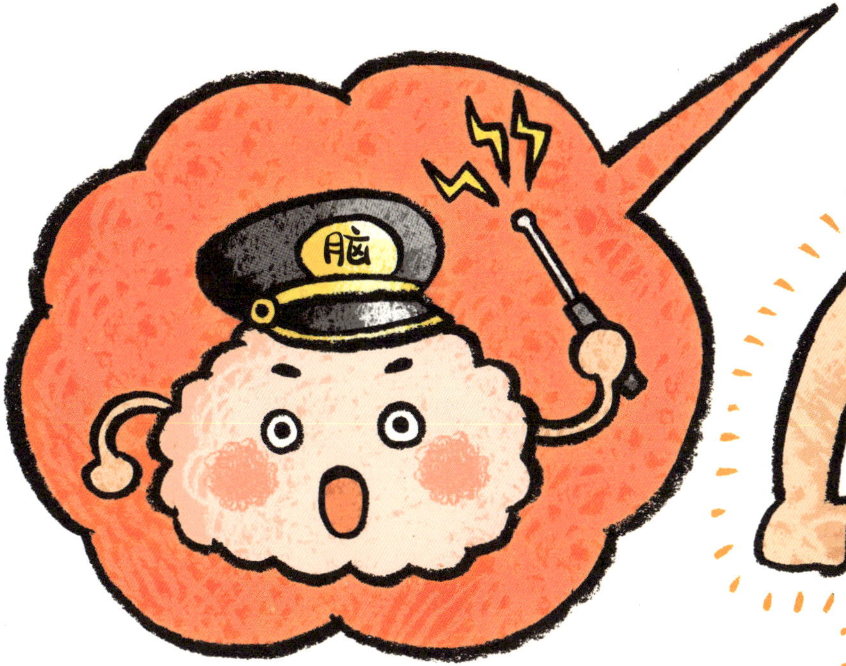

在从孩子过渡到大人的青春期，大脑会发出指令，告诉我们的身体："要开始为长大成人做准备了。"大脑发出指令后，身体所分泌的性激素会变多，这引起我们身体、内心的各种变化。

会发生哪些变化呢？

男孩进入青春期后，雄性激素的分泌就会增加。雄性激素变多后，我们的胡须、腋毛、腿毛就会变浓密。大家如果要刮胡子，一定要注意方法哦！有的人还会长出胸毛。之后，我们的身体也会比之前更结实，逐渐长出肌肉，生殖器也会变得更大。啊，生殖器指的是“小鸡鸡”和睾丸等（我会在第 16 页做具体解释啦）。

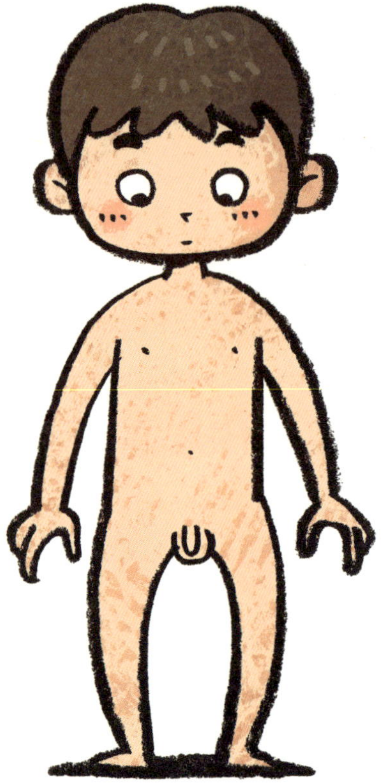

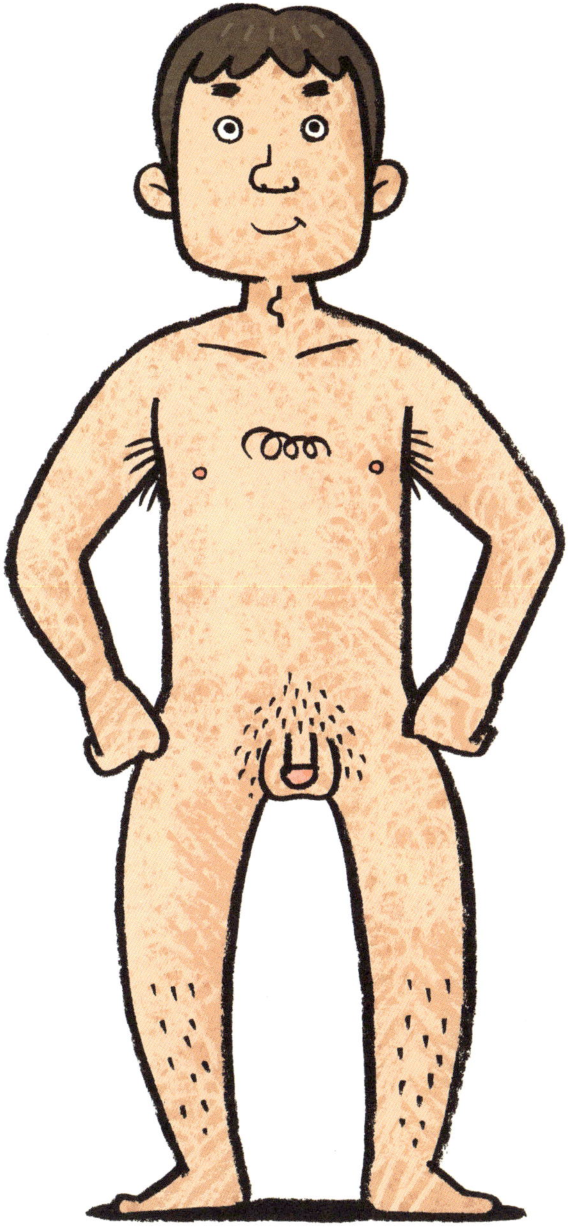

- 胡须、腋毛、腿毛变得浓密
- 喉结变大
- 生殖器（“小鸡鸡”、睾丸等）发育
- 肌肉变得发达
- （也有人）长出胸毛

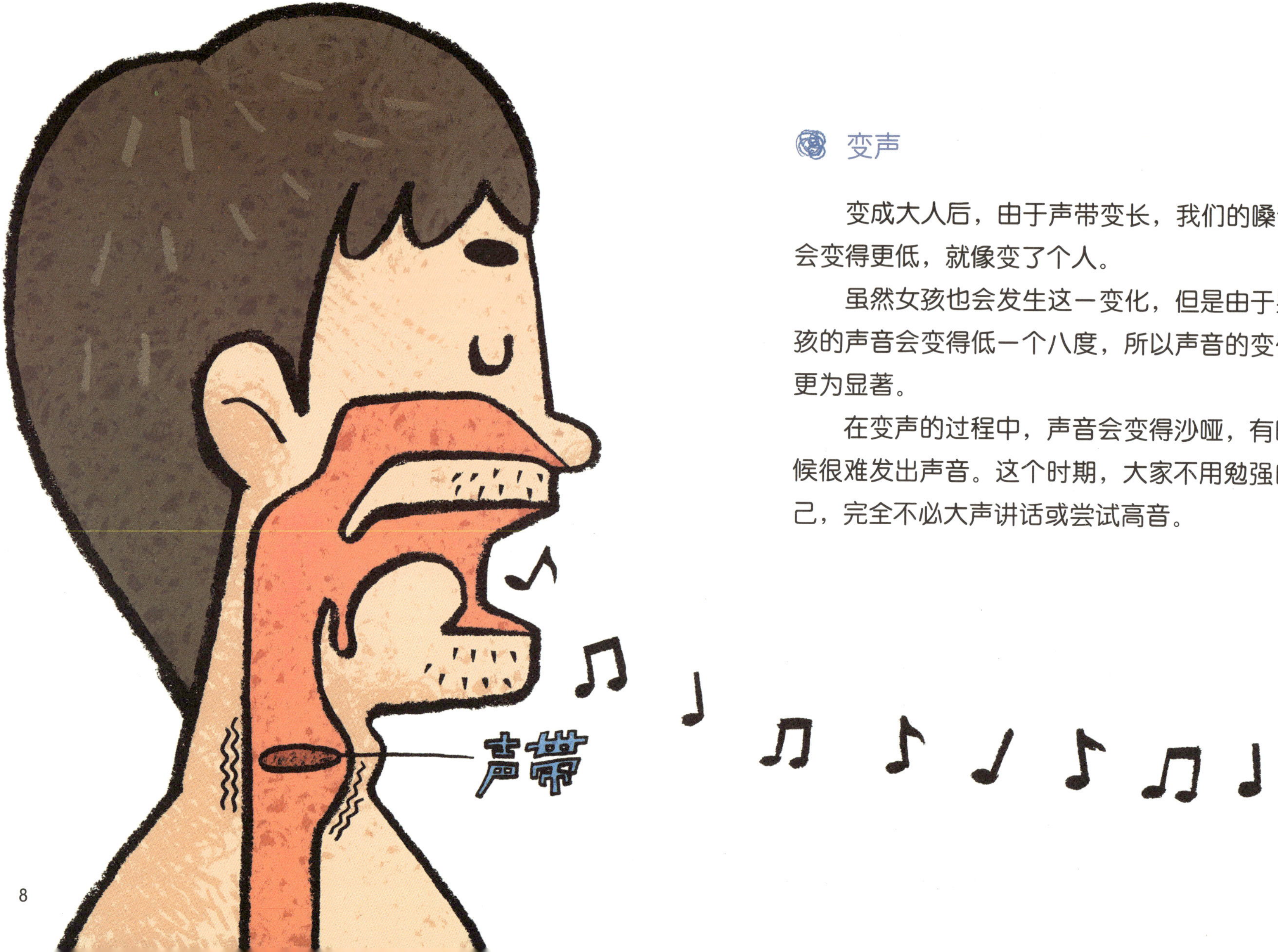

变声

变成大人后，由于声带变长，我们的嗓音会变得更低，就像变了个人。

虽然女孩也会发生这一变化，但是由于男孩的声音会变得低一个八度，所以声音的变化更为显著。

在变声的过程中，声音会变得沙哑，有时候很难发出声音。这个时期，大家不用勉强自己，完全不必大声讲话或尝试高音。

开始能唱混声合唱。

也许有人会觉得“不能发出高亢的声音很遗憾”，但自从有人说我的低音很有魅力之后，我就喜欢上了自己的声音。

内心的变化

逐渐长成大人的过程中，不仅身体会发生变化，我们的内心也会发生变化。我们会变得不愿意听大人的话，甚至变得粗暴。

怎么说呢，会开始装酷吧，或者只是变得很焦虑？

虽然我们自己也搞不明白自己的想法和行动，但是在从孩子转变为大人的青春期，我们就是会没缘由地生气。

在此之前，我们只要与脾气合得来的朋友一起玩耍就会很开心，但是在这一时期，我们会变得更在意自己的性格、相貌，以及喜欢的女孩。

无论是何种变化，都是在为我们长大成人做准备。

与女性的不同

在慢慢长大成人时，男孩身上会长出肌肉，肩膀会逐渐变宽，身体也会变得更结实。

女孩的胸部会增大，身体会变得丰满。

但是，要记住这种变化是因人而异的。大家有时也会因为自己没有别人个子高、太胖了或是太瘦了、身材不像个男子汉等问题而烦恼吧。

当大家在为自己的身体而烦恼的时候，可以想一想自己适合穿什么衣服、擅长什么运动。

有的人在小学的时候个子就已经很高了，但也有人在进入高中后一下子长高了很多。

什么是女孩的“月经”？ 附加页

女孩在发育的过程中，会开始来“月经”。月经象征着女孩的身体已具备生育能力，能够孕育新生命了。

女孩的肚子中都在不断产生预备孕育胎儿的“床”。月经便是这样产生的。每月，为了更换新的“床”，就需要将旧的“床”清理干净，于是“旧床”就变成经血通过阴道从身体中流了出来。

女孩来月经时，有时肚子会疼，有时还会变得很烦躁。

在月经期间，女孩不喜欢泡温泉、游泳或是坐游乐园的尖叫机等很多娱乐项目，所以在和女孩一起出去玩的时候，要注意考虑到这些哦。

即使知道女孩来月经了，也不能取笑她们哦。

初次遗精

生殖器的构造

男孩每天都能看见自己的生殖器，排出尿液的细长结构是阴茎，其下圆圆的囊状部位是阴囊，阴囊里头有左右两个睾丸。在逐渐发育的过程中，睾丸便会开始产生新的生命之源——精子。

睾丸一天能产生 5000 万～ 1 亿个精子。

顺便说一下，女孩很难从外部看到自己的生殖器。

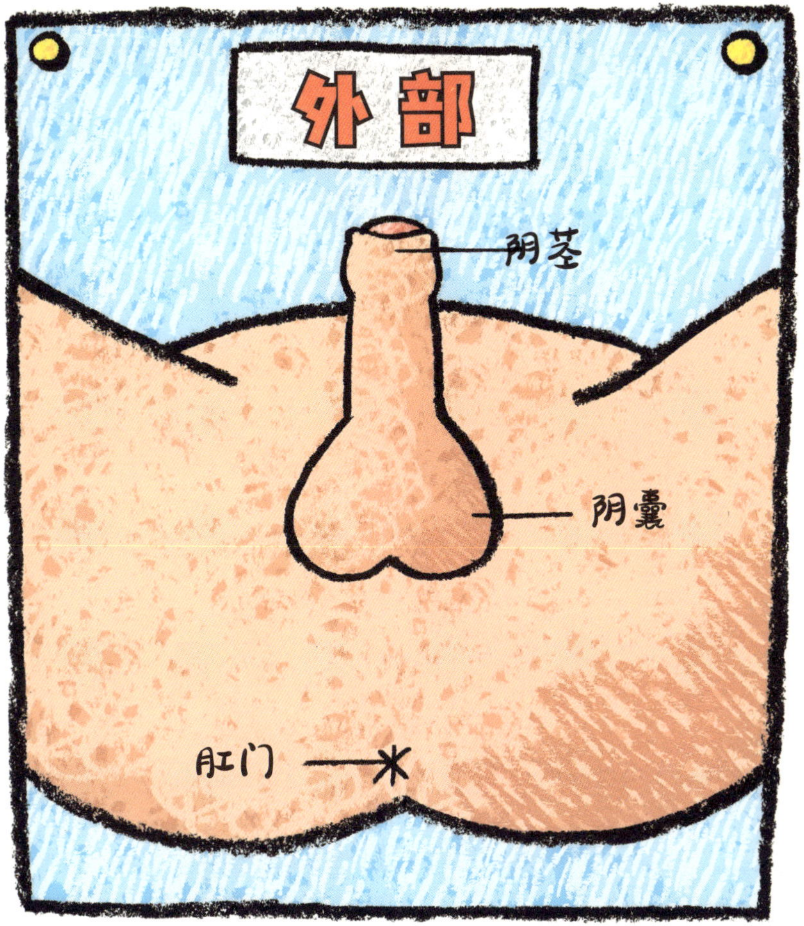
外部
阴茎
阴囊
肛门

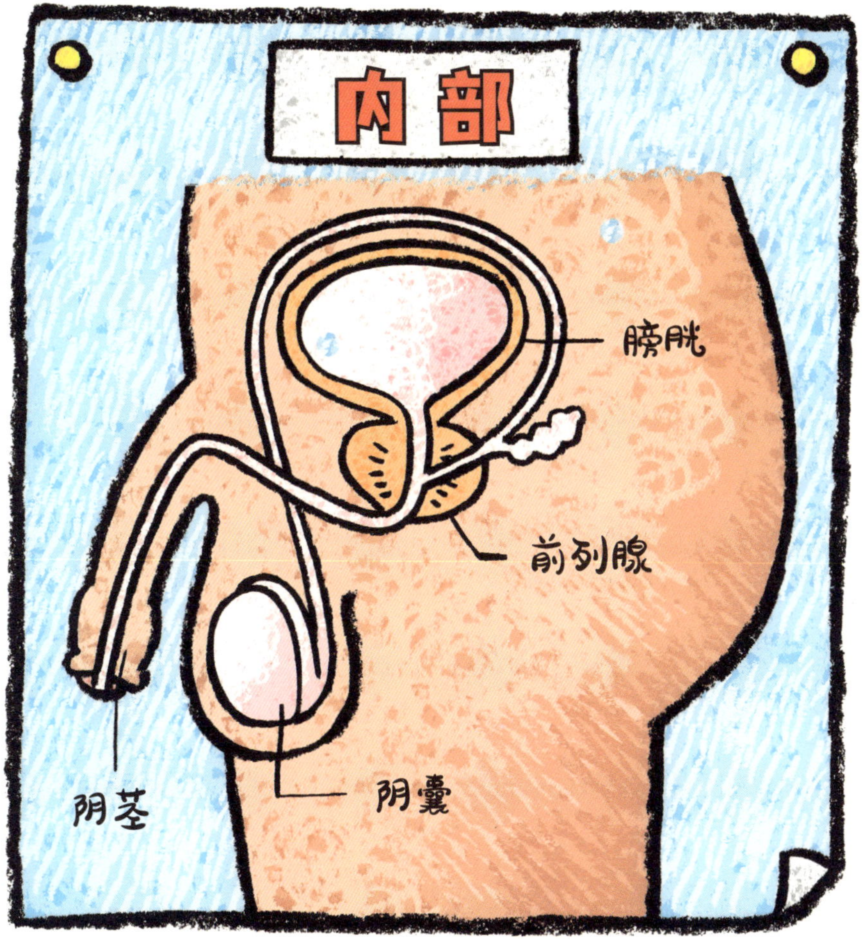
内部
膀胱
前列腺
阴茎
阴囊

射精

在身体逐渐接近大人后，睾丸所产生的精子便会与前列腺等产生的液体混合，形成白色的精液，然后从阴茎射出。这便是“射精”。

在快要射精的时候，大量血液会在阴茎汇聚，令阴茎变硬并向上抬起。这便是“勃起”。

勃起并不一定会射精，在想到喜欢的人的时候，有时会出现仅勃起、不射精的情况。

※ 骑自行车或是做运动的时候，有时阴茎也会不由得出现勃起，甚至射精的情况。

男孩的第一次遗精被称为“初次遗精”。初次遗精一般出现在 10 ～ 18 岁。

最开始大家可能会被吓一跳，但这表明你已经能够产生生命之源。这是件值得高兴的事情！

不知为何，当男孩经历“初次遗精”后，很少收到来自周围人的祝贺。

那么，就让我代替大家用一块白色蛋糕来祝贺你吧。

尿和精液

尿和精液虽然是完全不同的东西，但都是通过尿道排出的哦！
在膀胱和前列腺附近有两块肌肉，通常这两块肌肉都是收缩的。
排尿时，尿液是从膀胱流出来的，所以这两处都会舒张。
射精时，则上部收缩、下部舒张，以免精液与尿液混在一起。

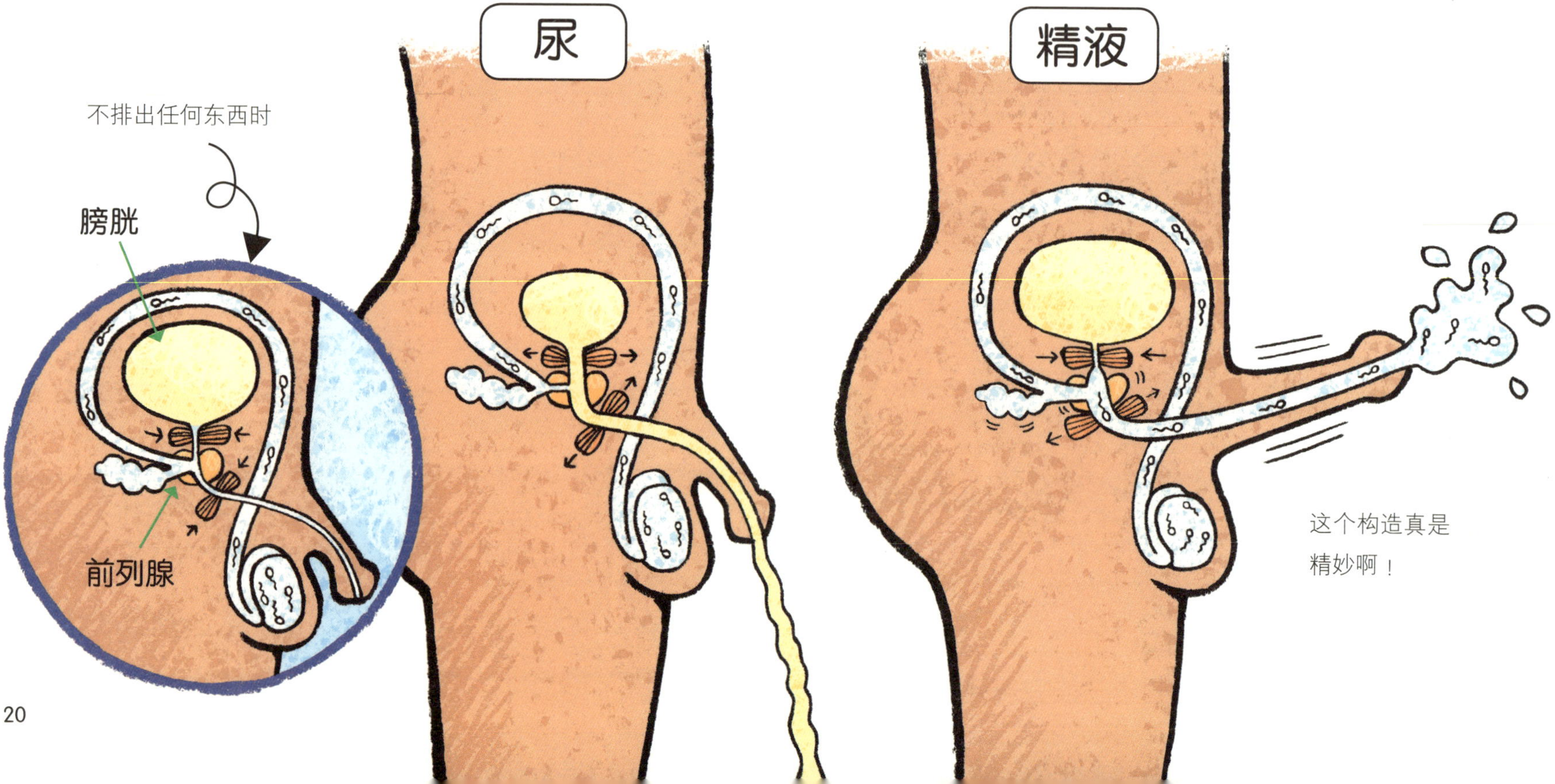

遗精

除了因睡觉时做了春梦而射精以外，也有极少数在不做梦的情况下我们也会不由得射精。这些被称为“遗精”。

遗精是长大的证明。大家要自己洗内裤哦。

我们会在看到穿着泳衣的女孩，或是在靠近女孩的时候不由得勃起。虽然我们的大脑明明知道，这种时候身体不该出现这样的反应……

这种时候，大家要学会分散注意力，进行自我控制哦。

这绝不是什么奇怪的事情，但也不是值得炫耀、卖弄的事情。

理解与帮助

附加页

虽然这本书写的是男孩的身体变化，不过也很欢迎女孩阅读。

随着男孩逐渐长大，就会出现初次遗精，也会变得难以压抑自己的性欲。有时候，甚至还会说些“黄段子”。

但是，女孩完全没必要一直忍受、体谅男孩的这种行为，觉得不喜欢的时候，就要明确地表达不喜欢。如果即使这样，男孩还是继续说些让你不喜欢的话，就可以反问他：“你完全不顾及我的情绪吗？”让男孩明白“对方的情绪并不一直都如自己所料”，也是关心男孩的一种体现，这也是在帮助他们。因为学会思考“对方不喜欢什么”“自己需要忍耐什么”是男孩长大成人后，能够顺利与他人一起工作、一起生活的第一步。

男孩身体和内心的不可思议之处

自慰

自慰指的是用自己的手去抚摸自己的生殖器，从而让自己觉得很舒服的行为。在自慰时，男孩多会看一些穿着较为暴露的图片，或是在脑海中想象自己喜欢的女孩（虽然即使不这样做也能完成自慰）。初次遗精后，男孩大多会想自慰、想射精。虽然不要去相信那些有关自慰的谣言，比如自慰“会让人变笨”“会长不高”，等等，但一定要坚持适度原则。

男孩长大后，性欲（想射精的欲望）会变得很强烈。射精时，男孩能感受到快感，觉得“此时此刻到达了人生巅峰”。因此，有时男孩也会想在一天内多次射精。

但是，明明女孩很厌恶这种行为，你还去抚摸人家，或是偷窥人家以满足自己的欲望，那便是犯罪！

自慰是通过自己的力量控制自己性欲的重要手段。有时女孩也会自慰。

自慰后，要把精液收拾干净哦。此外，射精后，一定要通过泡澡或是淋浴把自己的阴茎清洗干净哦。

包茎

阴茎的前端（阴茎头），可能会包着一层皮肤（包皮），也可能不包着这层皮肤。阴茎头被包皮覆盖而隐藏起来的阴茎被称为“包茎”。每个男孩在婴儿时期都是包茎，即使是成年人，有些也会是包茎。

不过，包茎会导致脏东西在阴茎头和包皮的空间内堆积，从而导致发痒甚至疼痛，必须时刻保持阴茎头干净。

翻开包皮清洗阴茎头时，最初会有些疼痛，但洗着洗着也就习惯了。

此外，包茎的人尿尿时，尿容易四处乱溅。为了不让尿乱溅，上厕所的时候也将包皮剥开的男孩，一般都很机灵，将来也会受欢迎。每天都翻一翻包皮的话，慢慢阴茎头就会自然地露出来了。不需要着急哦。

大家都去尝试着把包裹着阴茎的包皮翻一翻、洗一洗吧！
用手轻轻挪动包皮，让阴茎的前端全部露出即可。
诀窍就是每天坚持翻洗。

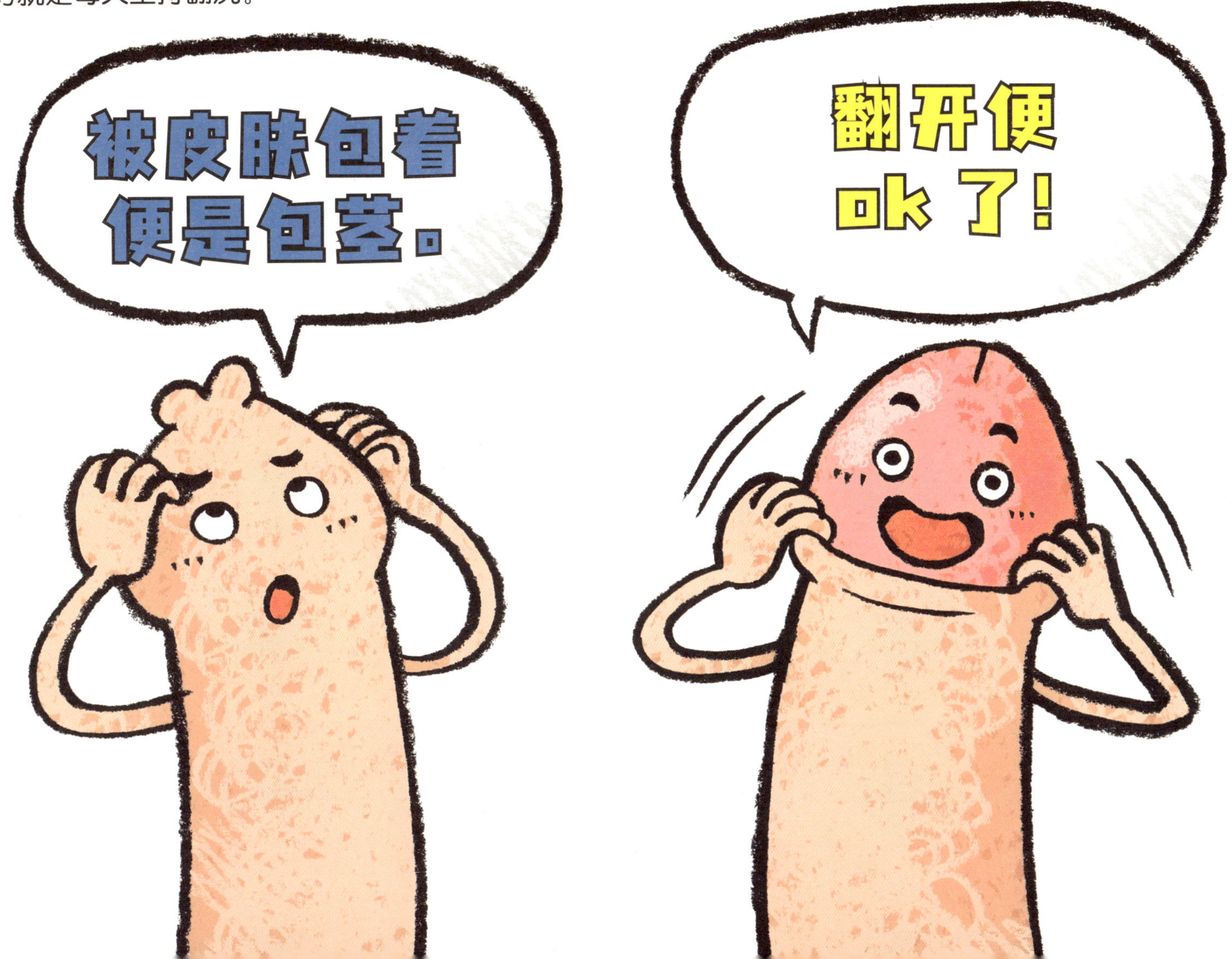

不要在意啦

也许有人会烦恼“自己阴茎的大小和形状这样就可以了吗”。这里我特意说一下，不要在意啦。

有的人很会学习，而有的人则擅长运动，当然，还有的人样样精通。阴茎的大小、形状、发育方式也各式各样。

10 多岁的时候，在与别人比较的过程中，我们会发现自己的长处，也会发现自己在哪些方面是弱于别人的。正确面对自己的特别之处，或许我们就能找到将来适合自己的道路了吧。

你们是否会在意别人“都在玩什么玩具”“考上了什么学校”“阴茎长得怎么样”呢。但是，与“所有物”相比，“所有物的主人”才更为重要。即使拥有粗大的阴茎，但若是一个总欺负他人、不遵守纪律的人，也不是一个优秀的男孩。

对别人的感觉

如果有一天，你开始觉得一个女孩是“世界上最可爱的人”，想要将她“占为己有”，那你便是喜欢上了这个女孩。

在想到喜欢的女孩时，便无法专心学习，即使是对自己一直以来热衷的兴趣爱好也提不起劲儿。

有时甚至会嫉妒和自己喜欢的女孩关系好的人，嫉妒那些擅长自己不擅长之事的人。

这个时期，真是苦涩。

花花草草也如此可爱

但是，不仅仅只有苦涩。喜欢一个人是件美好的事情，会让自己努力学习不擅长的事情，让自己变得更优秀。

另外，还会流连于道旁的花草和天空，并为之感慨万千（至少我是这样的）。

有时也会想要保护大家，帮助别人，让自己更优秀。

在成为大人的过程中，可能会有很多苦涩。

但也正因为这些变化，才让我们在与重要的人共度时光时、在与新的生命相遇时，倍感喜悦。

最开心的事情！

烦恼的时候

刚才我们已经了解了男孩将经历的身体与内心的变化。大家觉得怎么样呢？

当因为性而烦恼时，大家可以和朋友聊聊。未来，在与女性交往时，仅依靠在网络、影视作品中学来的做法，可能会惹对方生气。与朋友或是学长交流，也许能够了解到一些真实的情况。

与医务室的医生、值得信任的大人沟通，或巧用咨询热线，或许是不错的办法哦。

没关系啦。不光是我。

周围所有的人，都在为你的长大成人而加油助威哦。

后 记

青春期是孩子成长为大人的重要时期。但是，已经长大成人的人，基于自身的经验，会不会认为每个人都理所当然地顺利经过青春期呢？40 多年前已经经历过青春期的我，也是这样认为的。也许以前的确是这样，但是最近，在众多身体看起来已然是大人的人群中，由于没有与青春期“坦诚相见”而导致内心发育不全的人变得越来越多了。

青春期是被身体变化和心理变化所左右的时期。在这一时期，你会因为各种各样的事情而烦恼，但同时也会与同伴分享这些事情，在不经意间直面身体的成长，通过与同伴的交流学会忍耐和接纳，内心也逐渐成长为大人。青春期是与同伴分享烦恼与羞耻、互相成就的重要时期。但是在现代社会，人与人之间的关系变得淡薄，人们开始害怕把自己的烦恼和羞耻展示给朋友。放弃烦恼，没有烦恼，仅身体得到发育的人并不在少数。

本书的目的并不是为了解决青春期的烦恼。每个人的青春期都是不一样的，我希望大家能在分享烦恼的过程中，真切感受到青春期是一个互相成长的时期。愿大家以阅读本书为契机，能找到可以一起分享烦恼与羞耻的朋友。

［日］岩室绅也

参考文献

《为了你、为了大家 与青春期的性、心理“坦诚相对”吧》
[日] 岩室绅也著 公司法人日本家庭计划协会
《被误解的包茎知识》[日] 飞波玄马、[日] 岩室绅也、[日] 山本直英著 青弓社
《新编 新式保健3·4》东京书籍

编者简介

[日] 岩室绅也

1955年出生于京都府京都市。

1981年从自治医科大学毕业后，在神奈川县立青野原诊所、神奈川县立癌症中心泌尿科、神奈川县立厚木医院泌尿科工作。1999年担任该科室主任。2003年起，在厚木市立医院泌尿科工作。

此外，还兼任公共卫生医生。先后在神奈川津久井保健所、秦野保健所、镰仓保健所、平塚保健所、厚木保健所工作，并于2003年担任公益社团法人地区医疗振兴协会Health Promotion研究中心主任。2014年起成为Health Promotion推进中心（岩室工作室）代表。

此外，他还通过电视、广播演讲或是在全国各地进行现场演讲，致力于传播并普及与青春期的性、艾滋病等性传染疾病预防相关的知识。

为日本泌尿科学会专家，日本青春期学会常务理事，日本性传染病学会代议员。著有《青春期的性——现在、做什么、如何传达》（大修馆书店）、《从人与人之间的关系来看药物依赖症——构建能够安心诉说失败的羁绊与场所》（大修馆书店）、《让如今的男子变坚强的书》（日本评论社）、《希望爸爸和妈妈知道的事——与“小鸡鸡”相关的知识》（金星社）等。

图字：01-2021-3916

图书在版编目（CIP）数据

懵懵懂懂青春期预备图册 . 男生版 /（日）平原史树等编；鲍忆涵译 . —北京：东方出版社，2021.10
ISBN 978-7-5207-2385-5

Ⅰ . ①懵… Ⅱ . ①平… ②鲍… Ⅲ . ①男性－青春期－性教育 Ⅳ . ① G479

中国版本图书馆 CIP 数据核字（2021）第 179889 号

懵懵懂懂青春期预备图册（男生版）：男孩长大成人时
MENGMENGDONGDONG QINGCHUNQI YUBEI TUCE（NANSHENG BAN）：NANHAI ZHANGDA CHENGREN SHI
［日］岩室绅也 / 编 ［日］中村光宏 / 绘 鲍忆涵 / 译

策　　划：鲁艳芳　黎民子
责任编辑：鲁艳芳　黎民子
出　　版：東方出版社
发　　行：人民东方出版传媒有限公司
地　　址：北京市西城区北三环中路 6 号
邮　　编：100120
印　　刷：北京联兴盛业印刷股份有限公司
版　　次：2021 年 10 月第 1 版
印　　次：2021 年 10 月北京第 1 次印刷　2021 年 12 月北京第 2 次印刷
开　　本：787 毫米 ×1092 毫米　1/16
印　　张：2.5
字　　数：10 千字
书　　号：ISBN 978-7-5207-2385-5
定　　价：90.00 元（全 3 册）
发行电话：（010）85924663　85924644　85924641